CADERNOS PRÁTICOS DE XADREZ 4

ANTONIO GUDE

FINAIS *Táticos*

128 EXERCÍCIOS TEMÁTICOS PARA UM TREINAMENTO ESTRUTURADO

Tradução de Jussara Chaves Garcez Leme

© Antonio Gude 2004
© 2021 da edição em português da Editora e Livraria Solis Ltda.
Editores: Francisco Garcez Leme e Jussara Chaves Garcez Leme
Diagramação: Heloísa Chaves Garcez Leme
Tradução para o português: Jussara Chaves Garcez Leme
Editado em Aveiro, Portugal, em 2021

ISBN: 9788598628325

Os diagramas incluídos neste livro procedem dos arquivos pessoais do autor.

Dados Internacionais de Catalogação da Publicação (CIP)

Gude, Antonio Fernández, 1946 Cadernos Práticos de Xadrez, 4 - Finais Táticos; Editora Solis 2021, Aveiro, Portugal.
Título original: Cuadernos Prácticos de Ajedrez, 4 - Finales Tácticos
1.Xadrez 2.Ensino de xadrez 3.Treinamento de xadrez 4. Exercícios de xadrez 5.Problemas

04-5156   CDD - 794.12

Contato com a Editora Solis

No Brasil: comercial@editorasolis.com.br

Em Portugal: comercial@editorasolis.pt

SUMÁRIO

INTRODUÇÃO

A teoria estabelece modelos didáticos no tratamento de posições, ou no estudo dos diferentes temas técnicos, mas a prática se encarrega de criar o caos com sua diversidade, o que constitui precisamente um dos grandes atrativos do xadrez.

Os manuais *Escola de Xadrez* (1 e 2) têm uma destacada orientação prática, como o demonstra o fato de que, além das numerosas posições comentadas no corpo principal, ambos livros contenham um bloco adicional de 160 e 128 exercícios, respectivamente.

Não obstante, o esforço por sistematizar o material, reduzindo-o a modelos válidos, por conta da melhor orientação didática possível, não basta para que o jogador possa captar a variedade e riqueza do xadrez de competição. Esta iniciativa editorial responde à necessidade do jogador ativo de cultivar um treinamento sistemático, e estes cadernos, com 128 exercícios cada um, em três níveis de dificuldade, contribuirão para solucionar esse aspecto, porque vêm a ser *parques temáticos*, com posições que ampliam aspectos monográficos desenvolvidos teoricamente nos manuais.

Cada caderno está dividido em seções, e os exercícios destas são qualificados com uma, duas ou três estrelinhas, segundo o grau de dificuldade, de acordo com a técnica empregada em *Escola de Xadrez* (1 e 2).

Medir a dificuldade de um exercício não é fácil. Não apenas porque a avaliação objetiva seja difícil por si mesma, mas porque o grau de dificuldade é diferente para cada pessoa. A aspiração destes cadernos é chegar ao mais amplo número possível de enxadristas, pois só assim se justificará sua publicação. Em termos gerais, creio que o tempo de resolução deve ser de:

Primeiro nível	★	(1 estrela)	1- 3 minutos
Segundo nível	★★	(2 estrelas)	5 -10 minutos
Terceiro nível	★★★	(3 estrelas)	10 -20 minutos

O tempo de reflexão não tem por que ser excessivamente rigoroso. Os autodidatas podem guiar-se por esta estimativa orientadora, enquanto – como já se havia sugerido em *Escola de Xadrez* – o ideal é que, em seu caso, o treinador marque para um grupo de jogadores ou para um jogador determinado o tempo exato que considere oportuno para cada exercício, ou bloco de exercícios.

FINAIS TÁTICOS

Chamamos táticos àqueles finais nos quais a luta, geralmente técnica, desta última fase da partida é influenciada por reis ameaçados, ou por sequências combinatórias para promover um peão, explorar determinada vantagem, ou descobrir uma surpreendente manobra salvadora. Em outras palavras, finais nos quais predomina o jogo tático, porque neles intervêm sacrifícios ou elementos combinatórios não muito característicos, quando restam poucas peças em jogo. Nos manuais Escola de Xadrez (1 e 2) não se estudam os finais táticos propriamente ditos, mas ao estudar as figuras combinatórias (capítulos 5 e 7 de EDX, capítulo 2 de EDX 2) foram incluídos diversos exemplos que podem ser catalogados como tais.

De todo modo, este não é um tema técnico que se estude de forma sistemática nos manuais, mas este caderno está mais do que justificado pelo seu considerável valor prático: as posições darão ao estudante de xadrez uma perspectiva maior e visão quando enfrentar finais com ideias similares (que são aqui muito variadas e, em muitos casos, muito originais).

Para progredir em xadrez apenas uma fórmula é conhecida: jogar o maior número possível de partidas, junto com o estudo teórico e a análise das próprias partidas. O complemento ideal dessa fórmula é, como recomendam muitos grandes mestres, que o jogador desenvolva e aperfeiçoe sua capacidade tática e estratégica, mediante a resolução de numerosos exercícios, especialmente selecionados por sua utilidade. Como os que aqui lhe oferecemos

1 - Finais de peças menores

1 - Jogam as brancas 

Anima-se a dar mate? Muito cuidado com as posições de afogamento.

3 - Jogam as brancas 

Este final se ganha com um truque tático que explora a torpeza do cavalo contra o peão de torre. A palavra é sua.

2 - Jogam as pretas 

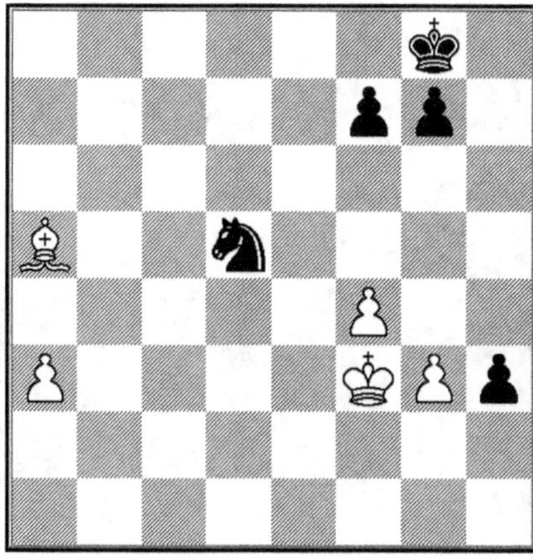

Após uma troca, as brancas acabam de retomar em "f3", mas pensaram melhor e abandonaram. Por que?

4 - Jogam as brancas 

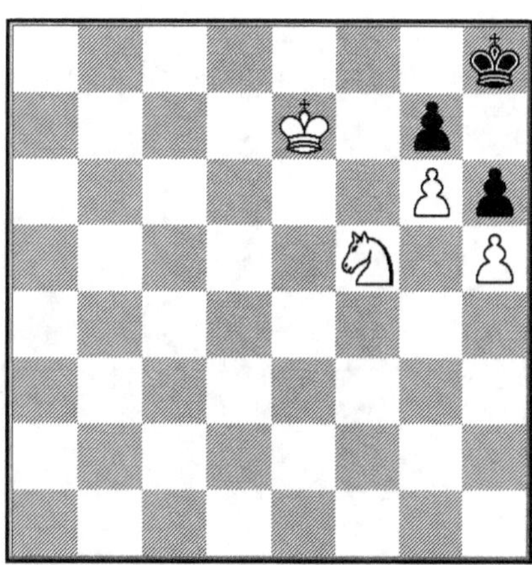

Novo exercício de habilidade. Explique-nos como as brancas dão mate em seis lances.

1 - Finais de peças menores

5 - Jogam as pretas 

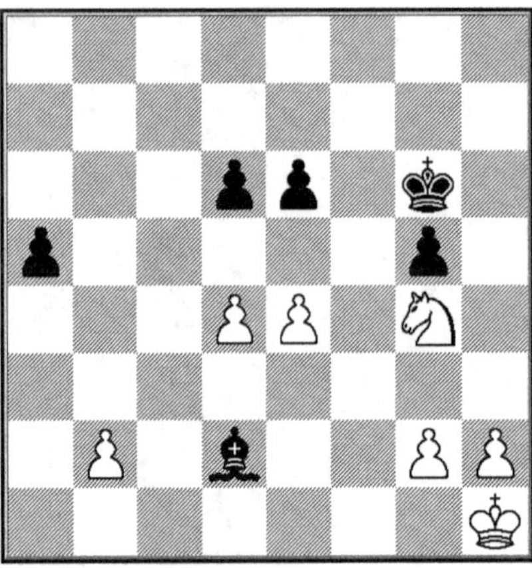

Com um peão a mais, não parece que as brancas devam passar apuro para empatar. O que acha?

7 - Jogam as brancas 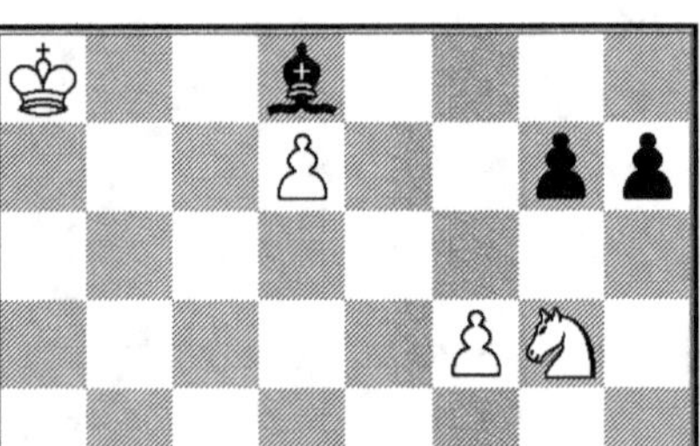

Pode ver algum método ganhador para as brancas? Não se esqueça do peão "h".

6 - Jogam as brancas 

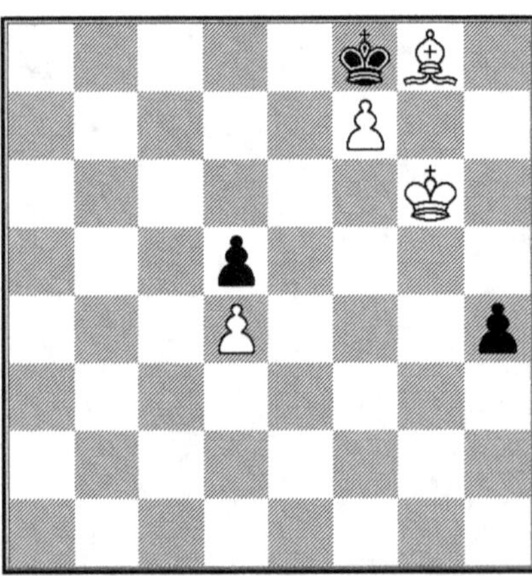

Se há algo certo neste mundo é que o peão "h" é imparável. Pode imaginar alguma posibilidade de salvação?

8 - Jogam as brancas 

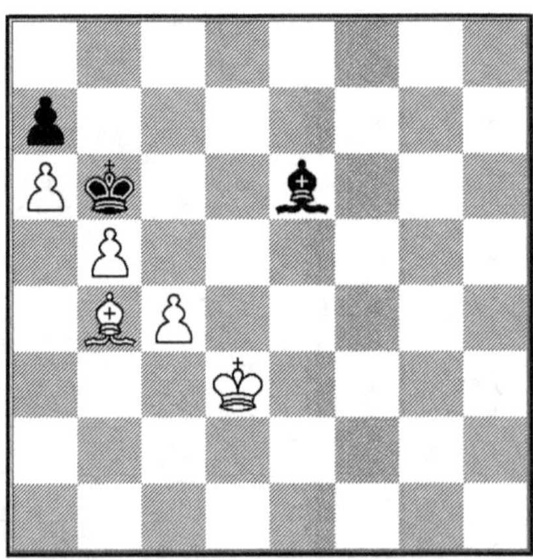

Os finais de bispos de cores opostas são difíceis, mas alguns produzem a sensação de serem fáceis, como este.

1 - Finais de peças menores

9 - Jogam as brancas ★★

É possível que as brancas vençam aqui? Lembre-se que o adversário também joga!

11 - Jogam as pretas ★★★

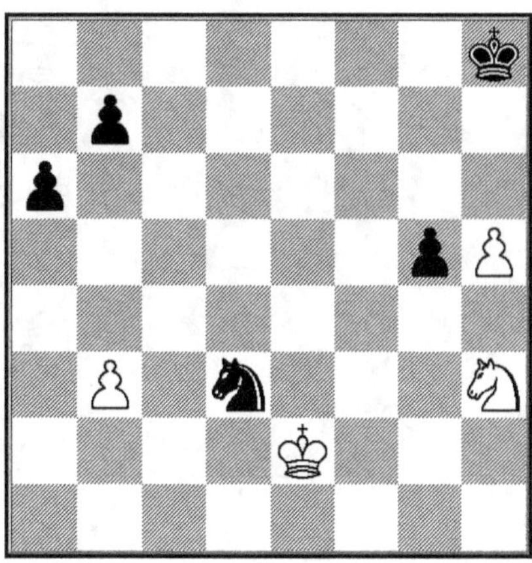

Este duelo entre duas grandes estrelas do xadrez atual se decide por um belo lance inicial e um cálculo preciso.

10 - Jogam as brancas ★★

Uma vez que o rei das pretas controla o peão de "f6", quem diria que aqui as brancas possam ganhar?

12 - Jogam as brancas ★★★

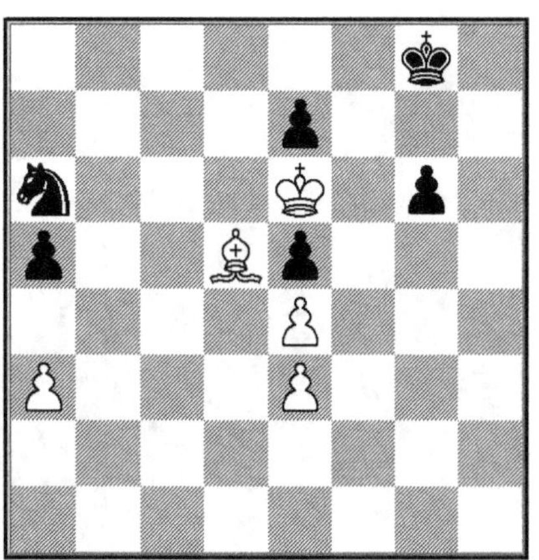

De que forma as brancas podem ganhar? Podemos imaginá-la? Trata-se de uma composição, mas é muito verossímil.

1 - Finais de peças menores

13 - Jogam as brancas ★ ★ ★

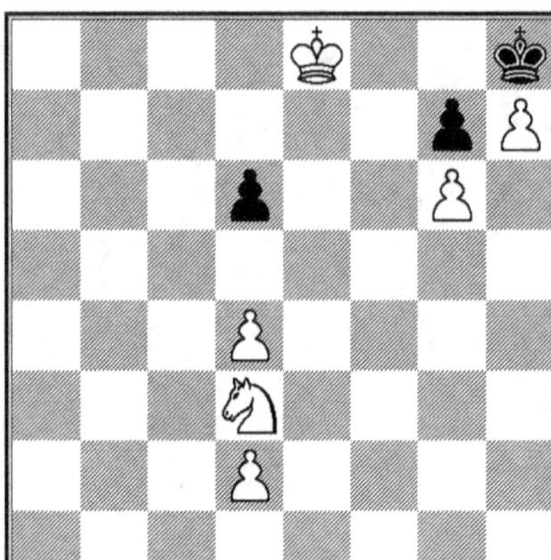

Para desafogar o rei preto, as brancas terão que entregar o cavalo, mas em seguida continuará o afogamento! Dê-nos a solução.

15 - Jogam as pretas ★ ★ ★

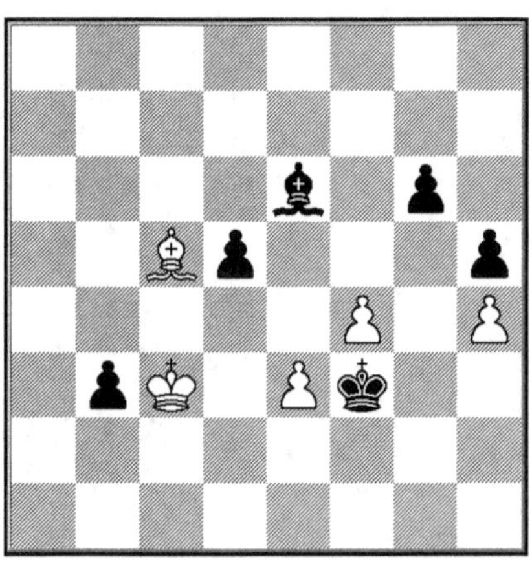

Deverá jogar o fino se quiser se atrever a ganhar este final, como fez um campeão do mundo. Mostre suas cartas.

14 - Jogam as pretas ★ ★ ★

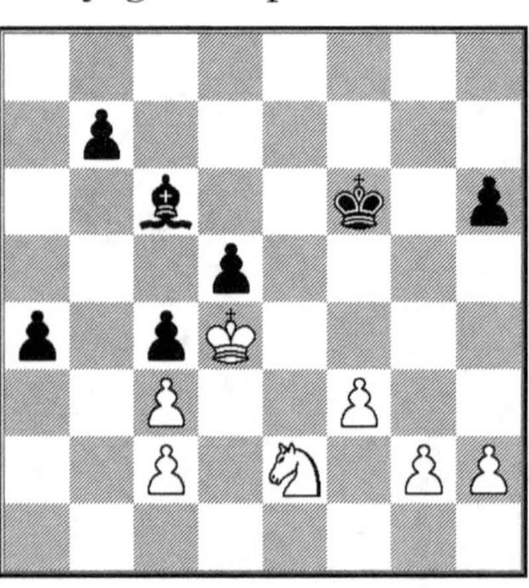

Previno que esta posição (de partida viva) contém uma beleza insuportável. Adiante com suas chaves.

16 - Jogam as brancas ★ ★ ★

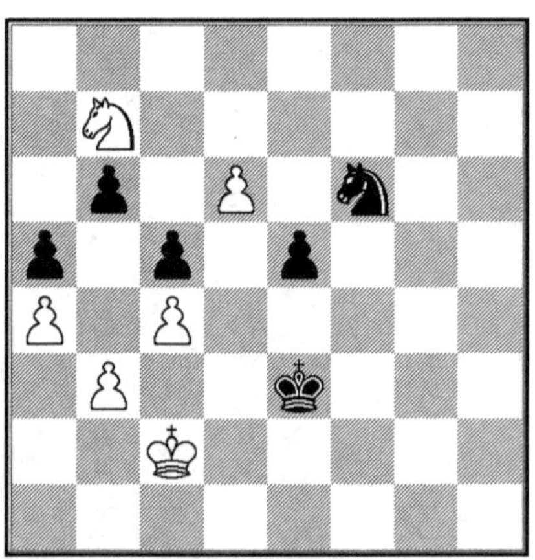

O peão "e", apoiado por seu rei ativo, parece mais perigoso do que o "d" branco. Mas as coisas não são o que parecem.

2 - Finais de torres

17 - Jogam as pretas 

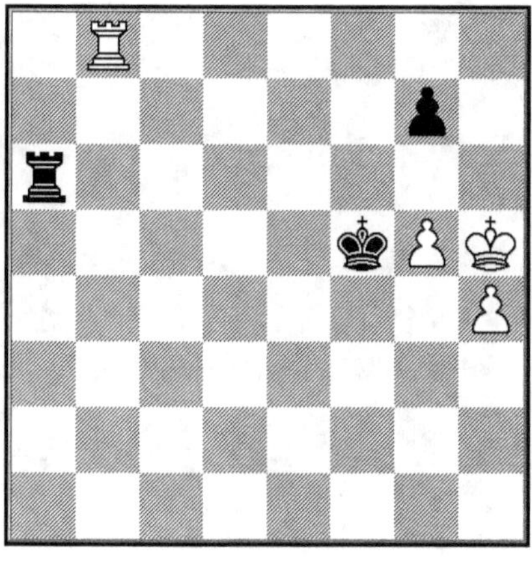

O peão de vantagem não serve para nada, pois a posição está "carregada"; asim, em frente!

19 - Jogam as pretas 

(a) Por que é fraco 1...♔g4?
(b) Qual é o melhor lance?

18 - Jogam as brancas 

A pergunta não pode ser mais simples: como você pensa ganhar com as brancas?

20 - Jogam as brancas 

Neste estudo simples, o peão passado e a cumplicidade geométrica do tabuleiro resolvem seu problema.

2 - Finais de torres

21 - Jogam as pretas 

Que aconteceria se as pretas jogassem agora 54...♖e3? Qual seria sua resposta?

23 - Jogam as brancas 

Para ganhar aqui, tem que fazer algo especial. Não basta qualquer lance. Assim, pois...

22 - Jogam as brancas 

Nesta posição há um mate em quatro que você está perfeitamente preparado para ver.

24 - Jogam as brancas 

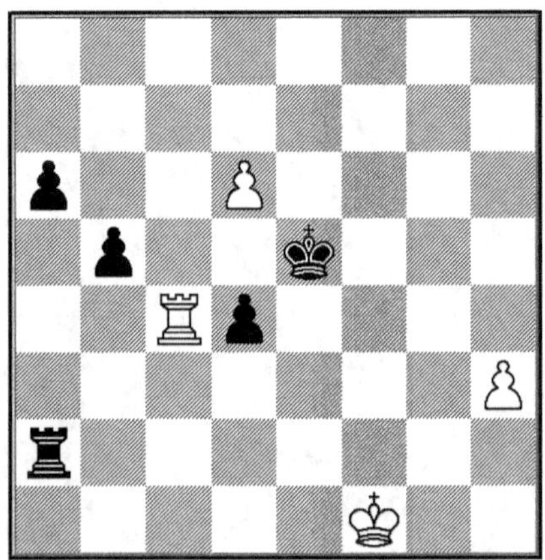

As brancas têm um peão a menos, seu rei está preso na fileira e a torre está atacada. O que você faria?

2 - Finais de torres

25 - Jogam as brancas ★★

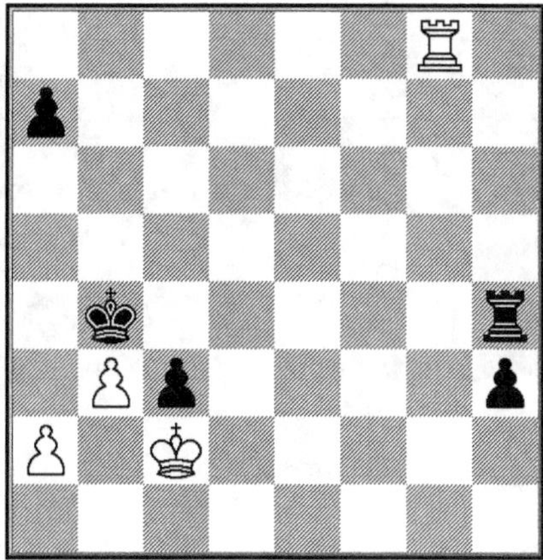

Impedir a coroação do peão preto é possível, mas não a derrota em tal caso. Deve-se procurar algo mais sutil... para ganhar!

27 - Jogam as brancas ★★

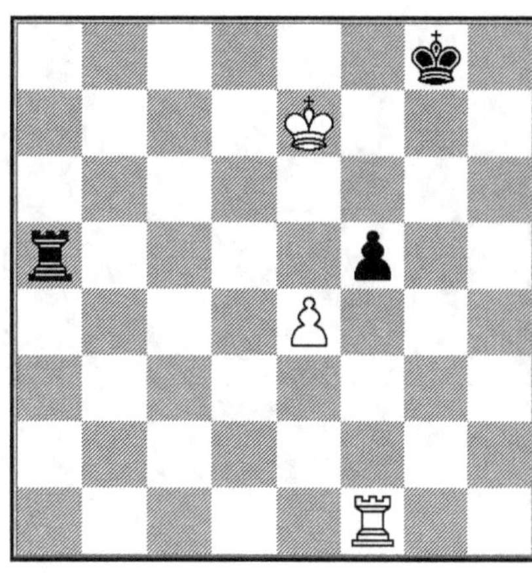

Esse final tem seus meandros. Claro, se você conhece a posição de Saavedra, tudo será mais fácil para você: ataque duplo, etc.

26 - Jogam as pretas ★★

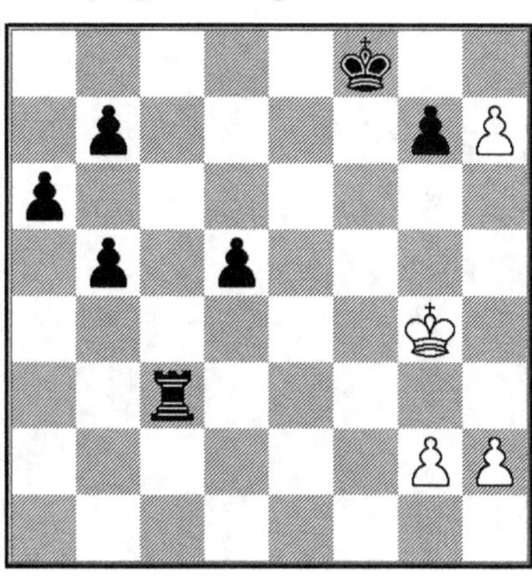

Quantos peões pretos! Se fosse possível impedir a coroação do peão "h"... Mas como?

28 - Jogam as brancas ★★

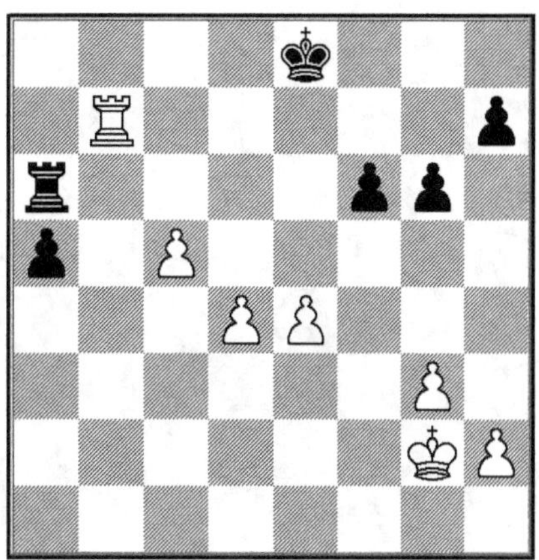

As brancas têm uma grande vantagem (peão a mais e o rei inimigo confinado na oitava fileira), mas é decisiva?

2 - Finais de torres

29 - Jogam as brancas ★★

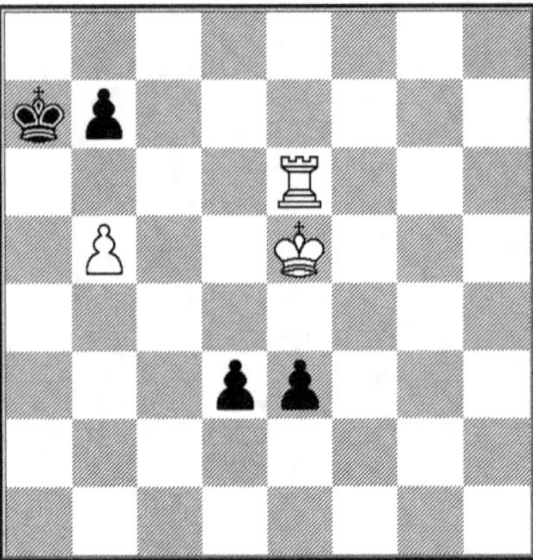

Como parar os peões pretos? Ou talvez lhe ocorra algo melhor?

31 - Jogam as brancas ★★

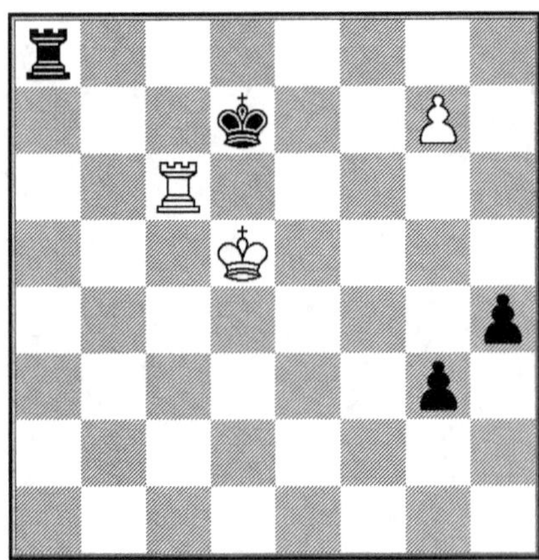

Novamente temos o temível par de peões unidos para estragar nosso dia... Mas as brancas ganham.

30 - Jogam as brancas ★★

Parar os dois peões pretos, com o rei branco no canto, parece uma missão impossível. É para você?

32 - Jogam as brancas ★★

As pretas acabam de jogar 49...c5?. Por que é um erro? Como se ganha?

2 - Finais de torres

33 - Jogam as pretas ★★

Sente-se capaz de empatar? Que acha do lance 62...♔d3?

35 - Jogam as brancas ★★

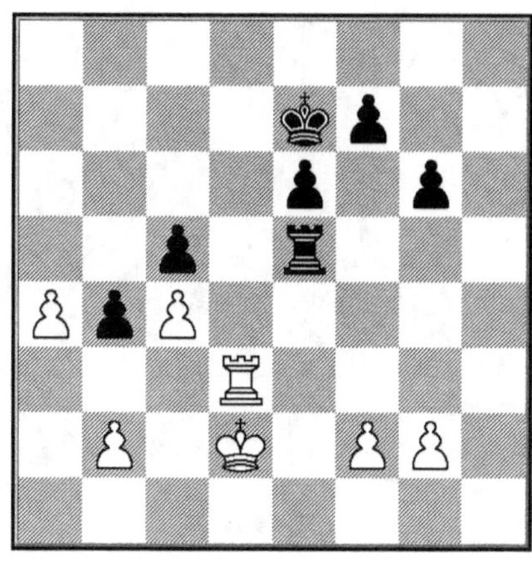

Faça valer o fator dominante na posição: o peão passado distante.

34 - Jogam as pretas ★★

Qual o melhor lance para empatar? Por que é fraco 1...♖f4?

36 - Jogam as pretas ★★

O condutor das brancas convenceu seu rival que este final era uma posição teórica de empate. Mas se pode ganhar.

2 - Finais de torres

37 - Jogam as brancas ★ ★

Que lhe parece esta posição? Anima-se a empatar? Mergulhe na sua imaginação e aplique suas ideias.

39 - Jogam as brancas ★ ★

Com o rei branco tão afastado, não lhe parece um milagre que se possa salvar a partida? No entanto, é possível.

38 - Jogam as pretas ★ ★

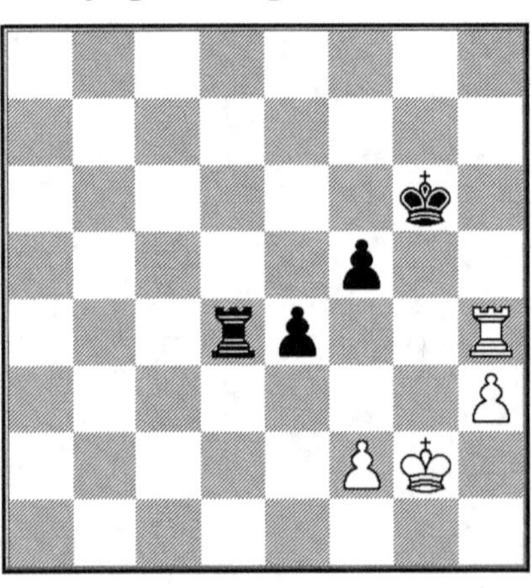

Finais aparentemente inócuos como este podem conter uma boa dose de veneno. O que vê aqui?

40 - Jogam as brancas ★ ★

Se tivesse que apostar... Mas não aposte, analise e diga: você acha que as brancas podem vencer? Elabore um plano.

2 - Finais de torres

41 - Jogam as brancas ★ ★ ★

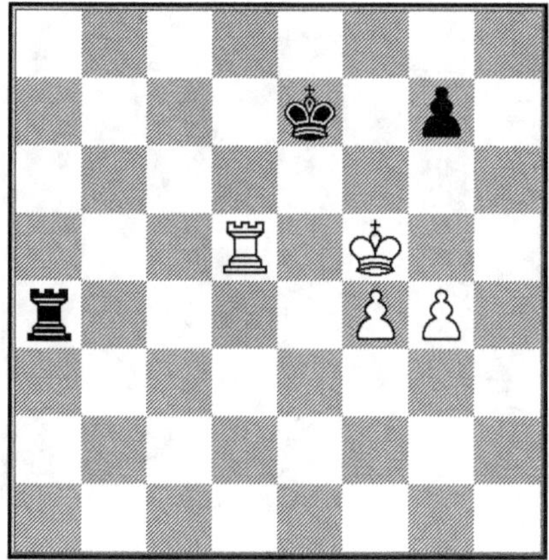

Este final é vencedor? Em caso afirmativo, você se importaria de nos mostrar o método de vitória?

43 - Jogam as brancas ★ ★ ★

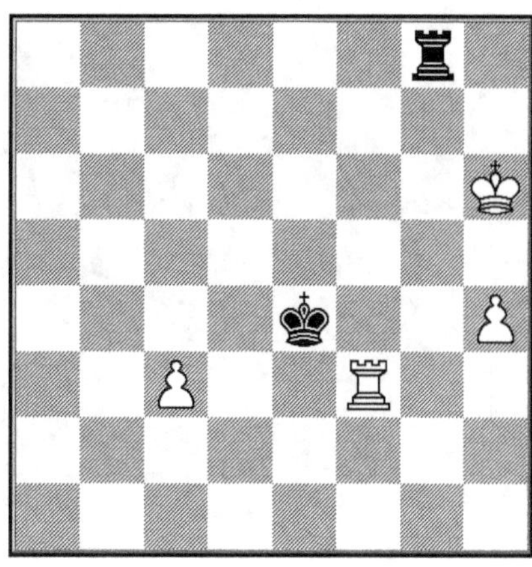

O que as brancas devem jogar? Ou talvez a pergunta fosse: como você jogaria esse final?

42 - Jogam as brancas ★ ★ ★

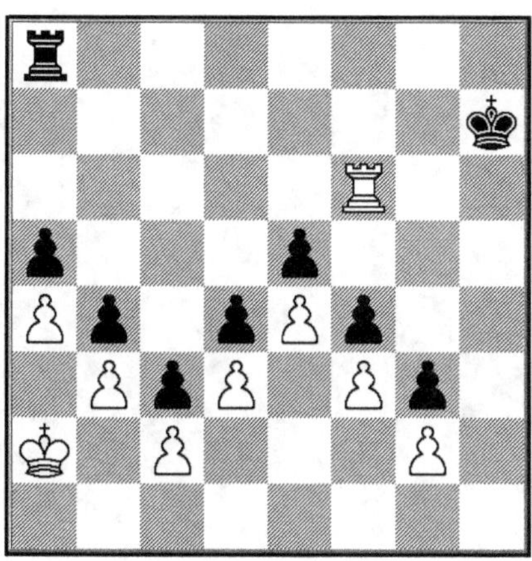

A fraqueza dos peões "c2" e "g2" torna a demanda menor aqui. Menor? Você acha que pode empatar?

44 - Jogam as brancas ★ ★ ★

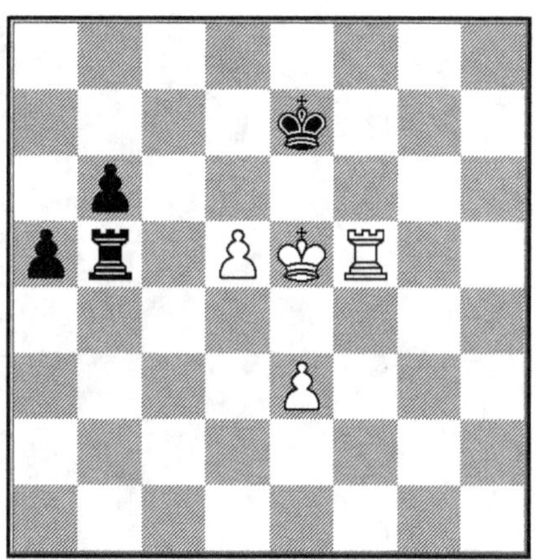

Há um longo caminho até a vitória, mas o importante é captar o conceito, ou seja, como nadar e guardar as roupas?

2 - Finais de torres

45 - Jogam as brancas ★★★

O rei branco dispõe de quatro respostas possíveis: três delas perdem e uma empata. Qual é a salvadora?

47 - Jogam as pretas ★★★

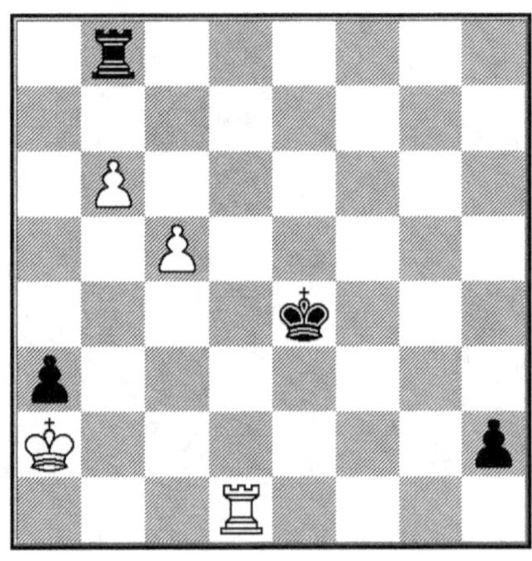

As pretas salvam-se à beira do abismo, mas a sequência do empate não é fácil de encontrar.

46 - Jogam as brancas ★★★

Composição que bem poderia produzir-se em partida viva. Mais vale ganhar, ainda que deva jogar com brilhantismo.

48 - Jogam as brancas ★★★

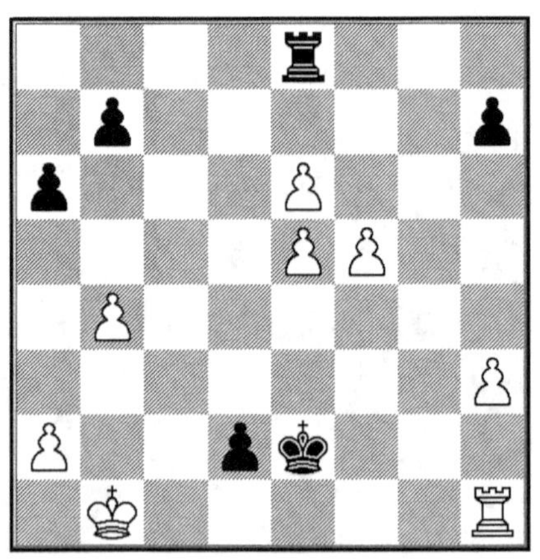

Nesta complexa posição as pretas acabam de jogar **37...d2**. Você vê algum caminho para a vitória?

49 - Jogam as brancas 

O enigma do ovo de Colombo em sua expressão mais pura e geométrica.

50 - Jogam as brancas 

As peças pretas têm uma disposição péssima. Qual é o lance mais forte das brancas?

51 - Jogam as brancas 

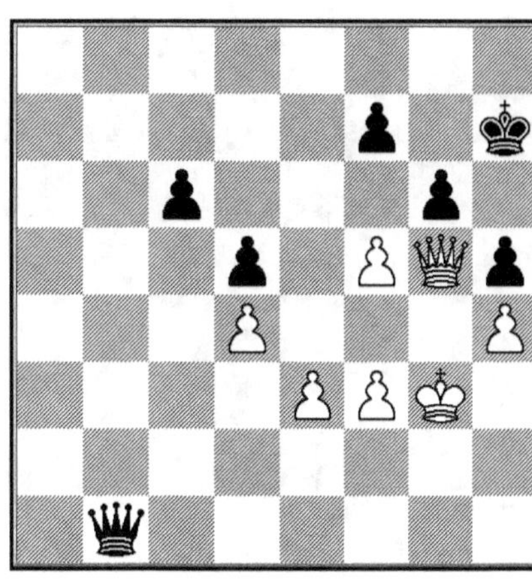

Qual é o pior lance possível? Pois foi o que fez um grande mestre de primeira linha.

52 - Jogam as brancas 

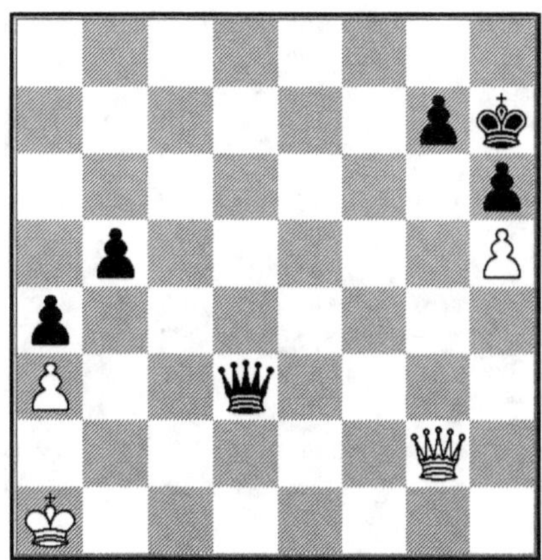

Poucas esperanças podem abrigar as brancas, mas o xadrez é um jogo diabólico.

3 - Finais de damas

53 - Jogam as brancas ★★

As pretas devem tratar de ganhar, mas aqui se precipitaram com **1...e2?** Por que esse avanço é um erro?

55 - Jogam as brancas ★★

Como anda a técnica? O final de ♛ x ♙ na sétima (quando é de torre ou bispo) é empate. Mas aqui se ganha.

54 - Jogam as brancas ★★

O que opina sobre esta posição? Dois peões de vantagem e unidos são muitos peões, mas...

56 - Jogam as brancas ★★

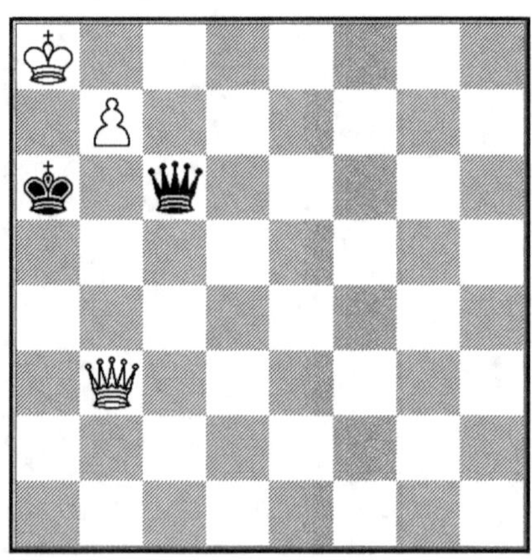

As peças pretas são muito ativas e a situação parece encontrar-se em ponto morto. Mas não é assim.

3 - Finais de damas

57 - Jogam as pretas ★★

As pretas dispõem de um método para forçar um final ganho. Mas há que tecer muito fino.

59 - Jogam as pretas ★★

Será possível que as pretas possam fazer outra coisa que não seja perder? Você tem a palavra.

58 - Jogam as pretas ★★

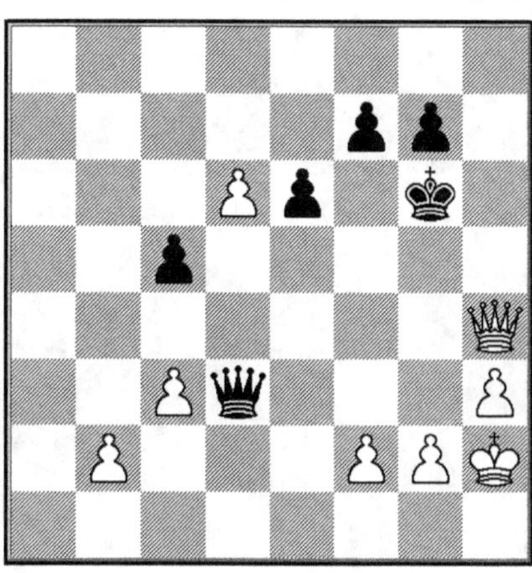

Sim, as brancas têm dois peões de vantagem, mas agora as pretas podem tomar (com xeque) o de **d6**. Como vê a situação?

60 - Jogam as brancas ★★

Ganha-se este final? Se você acredita nisso, qual é o procedimento a seguir?

61 - Jogam as brancas ★★★

Aqui a dama branca luta contra quatro peões. Dir-se-ia que as pretas têm boas possibilidades... inclusive de ganhar!

63 - Jogam as brancas ★★★

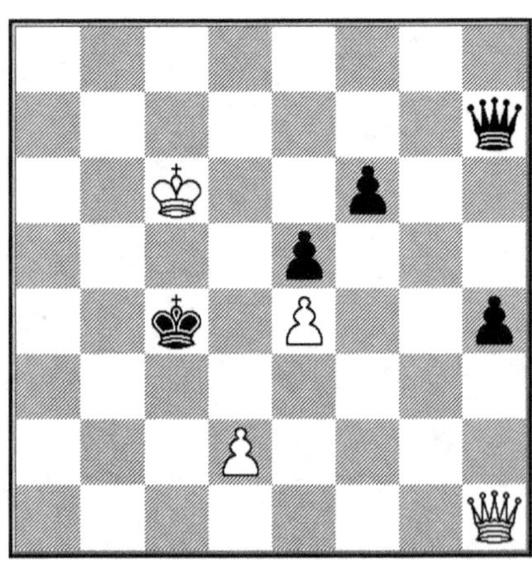

Ainda que pareça difícil de acreditar, este final está ganho para as brancas. A chave está na posição exposta do rei preto.

62 - Jogam as brancas ★★★

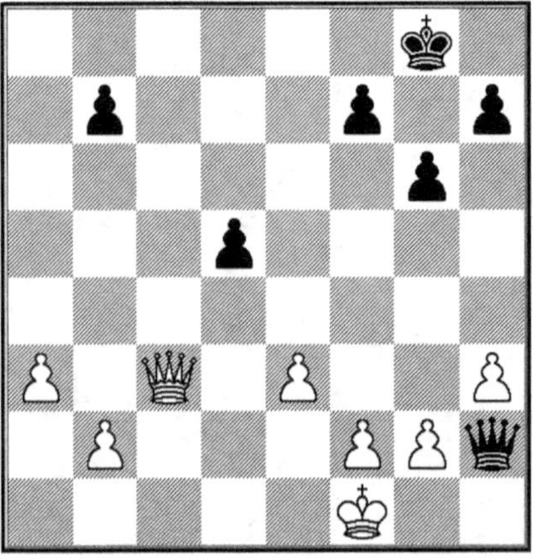

Qual sua opinião sobre este final? Considera-se capacitado para conseguir a vitória? Qual é seu plano (e seus lances concretos)?

64 - Jogam as brancas ★★★

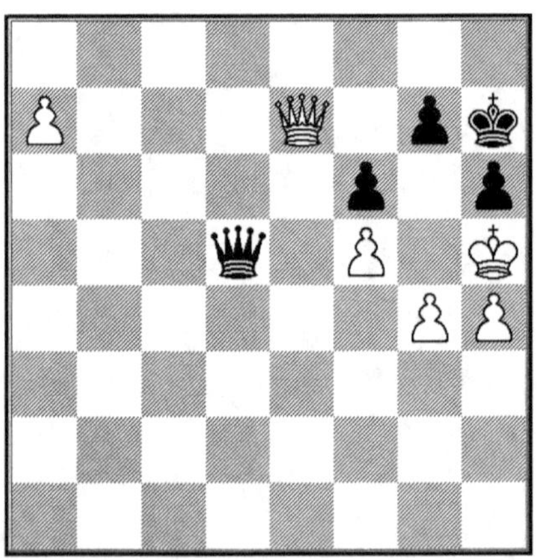

Parece fácil, mas as pretas têm um recurso. Trate de avaliar e indique a solução exata.

65 - Jogam as brancas 

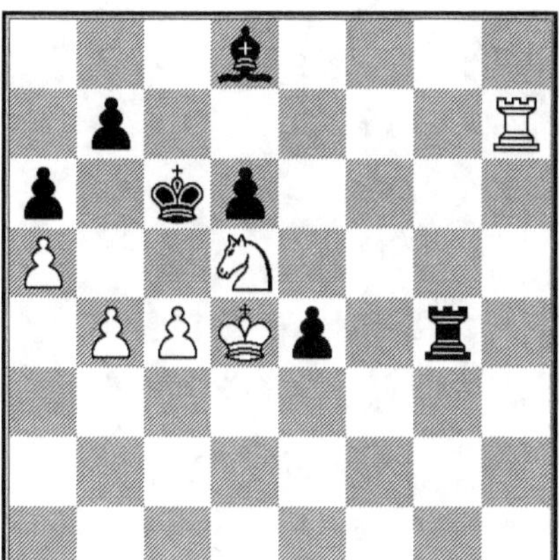

Não há dúvida de que a torre branca na sétima e o cavalo do posto avançado chamarão sua atenção. Como explorar isso?

66 - Jogam as pretas 

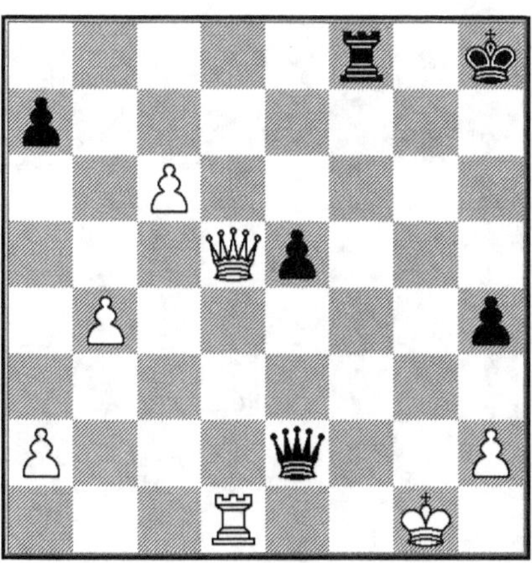

O peão "c", passado e avançado, é perigoso, mas mais perigosa é a situação do rei branco. O que jogaria?

67 - Jogam as pretas 

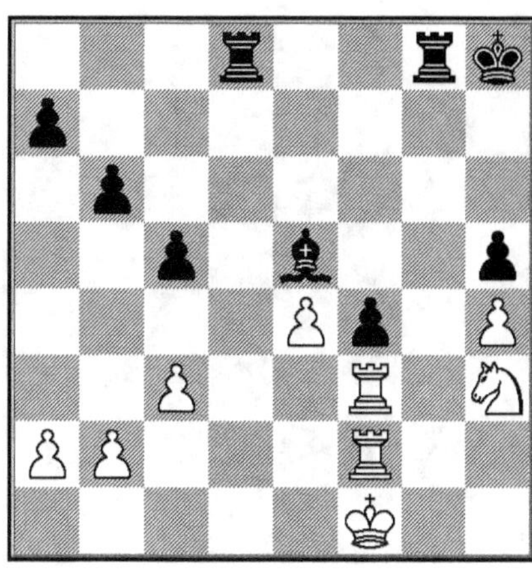

Com suas peças mais ativas, as pretas dispõem de uma sequência eficaz de ataque ao rei branco.

68 - Jogam as pretas 

O final de ♖ x ♗ costuma ser empate, mas com um peão adicional... Contudo, há um fator que muda tudo.

4 - Finais com várias peças

69 - Jogam as pretas 

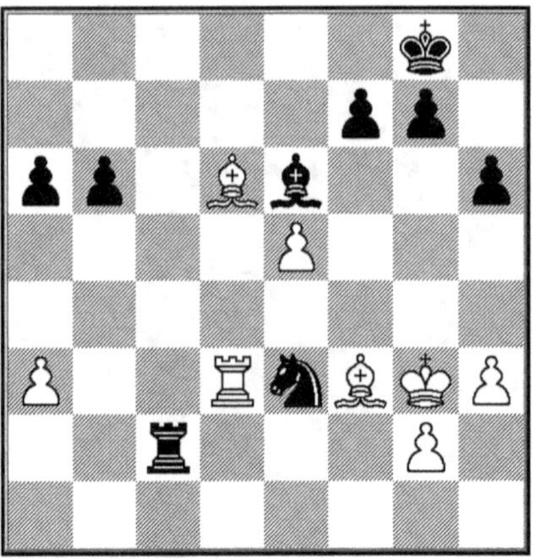

Você tem à sua disposição uma clara sequência de assédio e destruição. Trata-se só de calcular.

70 - Jogam as brancas 

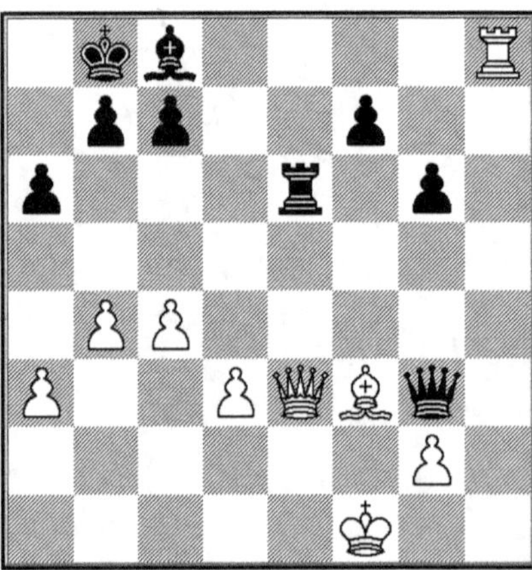

Aqui deve utilizar a geometria do tabuleiro: linhas, diagonais, cravadas, etc.

71 - Jogam as brancas 

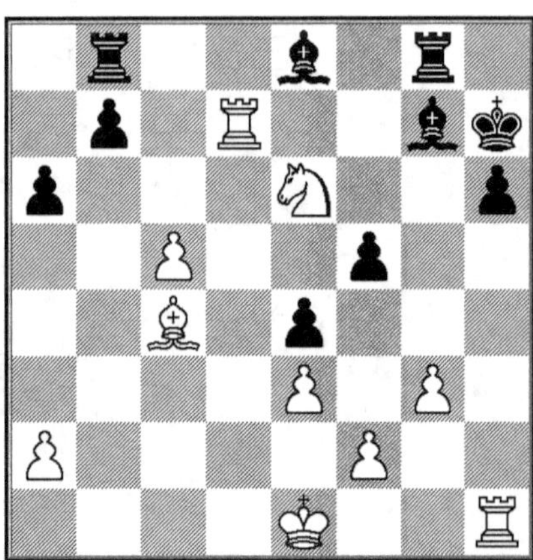

Se comparar a atividade das peças brancas com a passividade das pretas, terá um quadro que aponta para o rei.

72 - Jogam as pretas 

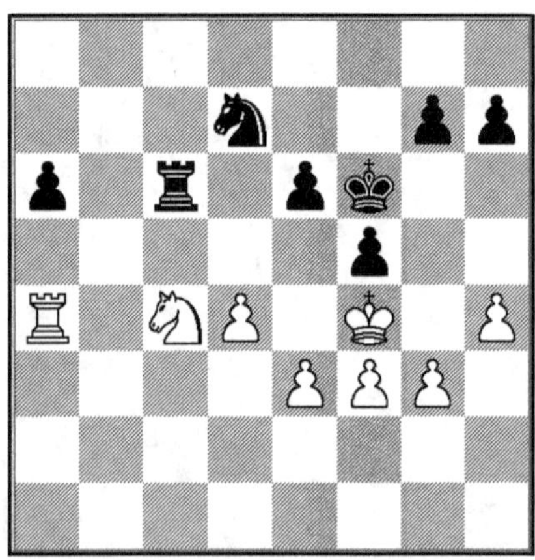

A constelação de peças é tal que resulta decisiva a situação do rei branco em "f4". Que lhe diz isso?

4 - Finais com várias peças

73 - Jogam as pretas ★★

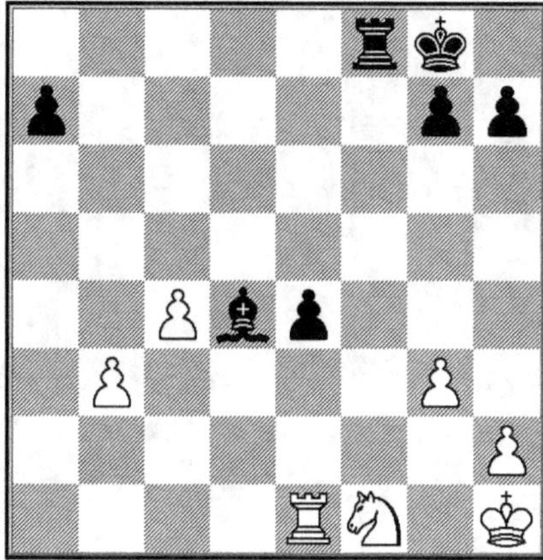

Trata-se, como haverá presumido, de explorar a força do peão passado, e a fixação da torre na defesa do cavalo.

75 - Jogam as brancas ★★

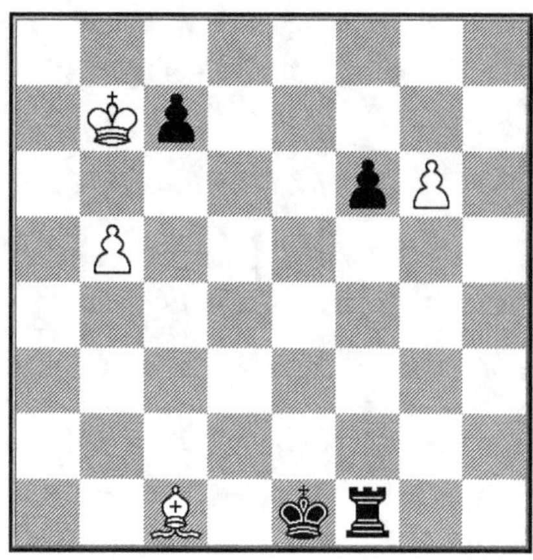

O maravilhoso da tática é que uma trama concreta deixa desnudos, e sem opções, os valores materiais.

74 - Jogam as pretas ★★

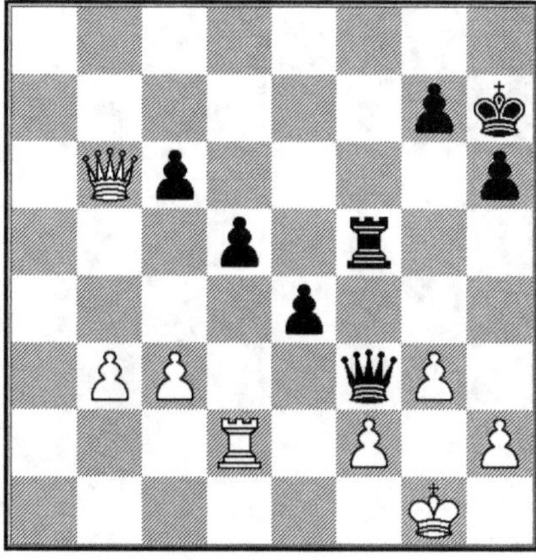

É indubitável que as peças pretas ocupam posições mais agressivas, mas é suficiente para inclinar a balança?

76 - Jogam as brancas ★★

Frear o peão - se é que é possível - ou otimizar as possibilidades táticas da torre: eis aqui o dilema.

77 - Jogam as brancas ★ ★

Parece uma tarefa difícil frear os dois peões, mas para isso deve contar com os recursos da Escola Italiana.

79 - Jogam as brancas ★ ★

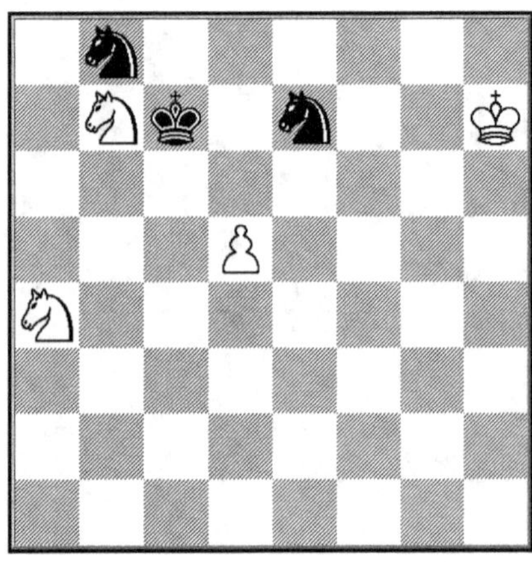

Ainda que o enunciado deste estudo seja *brancas vencem*, o certo é que há uma defesa. Pode esmiuçar o final?

78 - Jogam as brancas ★ ★

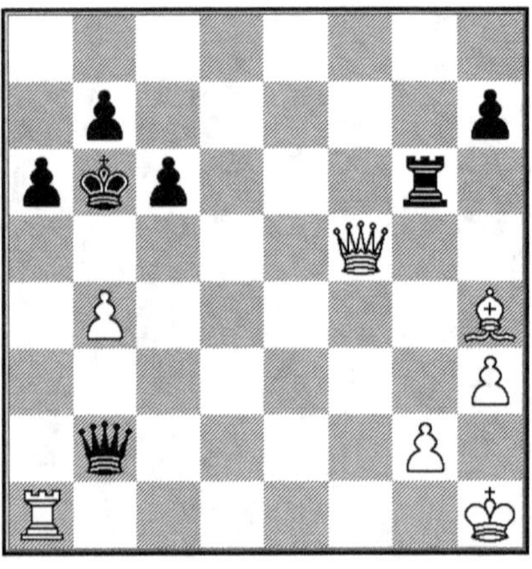

Os clássicos nos ensinam a arrematar espetacularmente posições como a presente. Você estará à altura?

80 - Jogam as brancas ★ ★

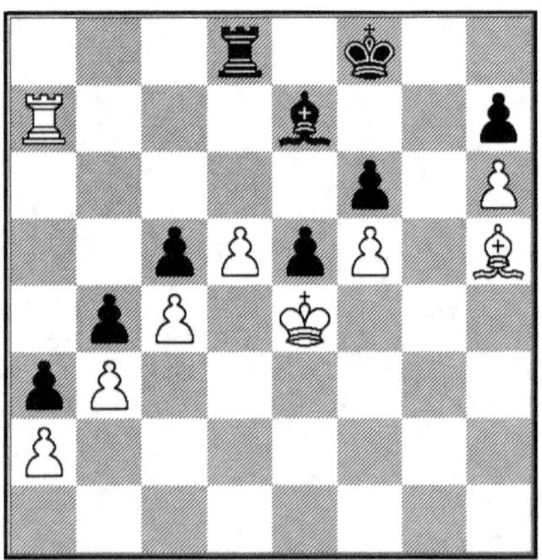

Torre na sétima e o forte peão passado, junto com rei e bispo mais ativos, são fatores suficientes para ganhar. Como?

4 - Finais com várias peças

81 - Jogam as brancas ★ ★

Parece um caso desesperador e, contudo, com o devido esforço mental, você pode alcançar o empate.

83 - Jogam as brancas ★ ★

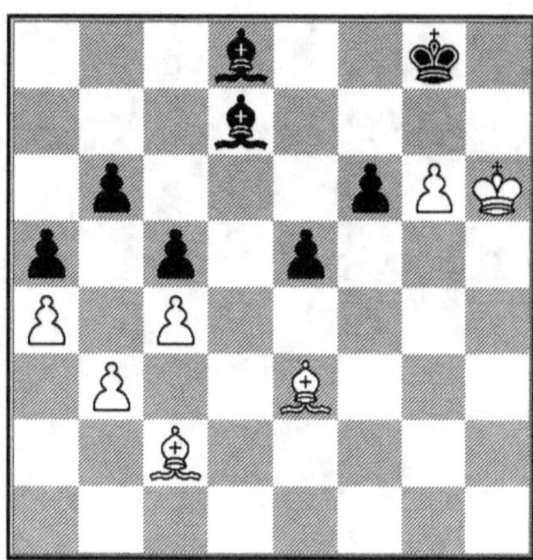

O peão de "g6" não seria superior ao par de peões "f6+e5", a não ser pela posição ativa do rei e bispos brancos.

82 - Jogam as brancas ★ ★

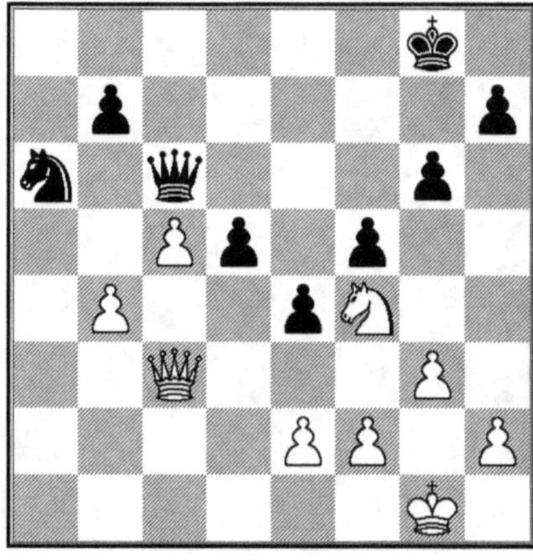

A maioria da ala da dama e as posições mais ativas de suas peças dão às brancas uma vantagem decisiva.

84 - Jogam as brancas ★ ★

Apesar dos bispos de cores opostas, as brancas têm um final ganho, e você se encarregará de nos dizer como.

4 - Finais com várias peças

85 - Jogam as brancas ★★

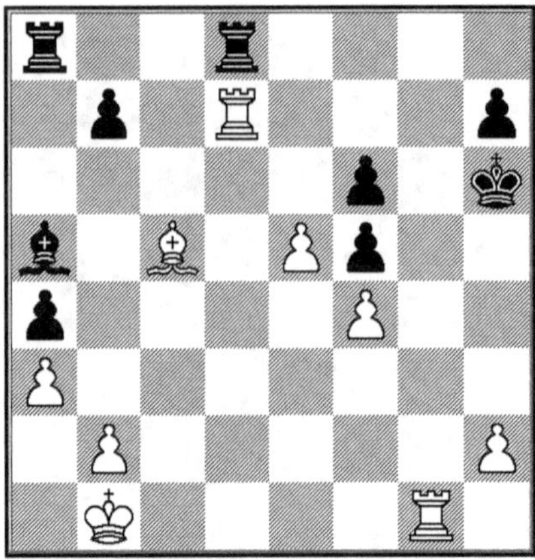

O rei preto na lateral! Isso deve suscitar em você emoções relacionadas com sua caçada.

87 - Jogam as brancas ★★

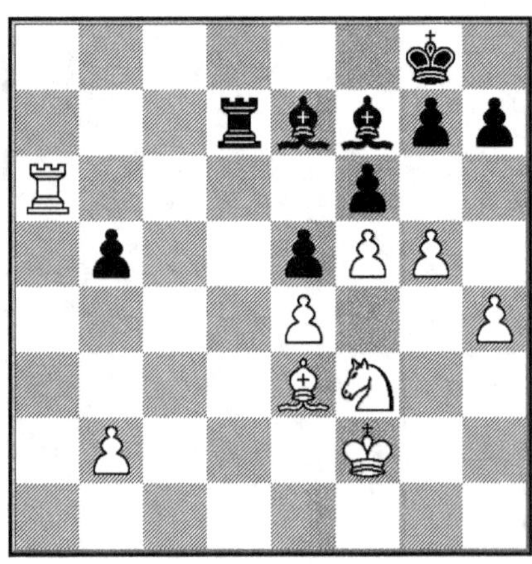

Explorando sua maior liberdade de ação, qual plano escolheria para as brancas neste final?

86 - Jogam as pretas ★★

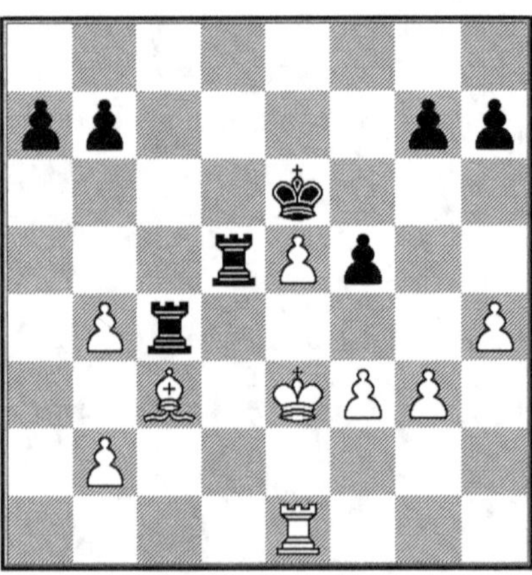

As pretas têm uma posição dominante e estão em condições de fazer valer sua qualidade de vantagem.

88 - Jogam as brancas ★★

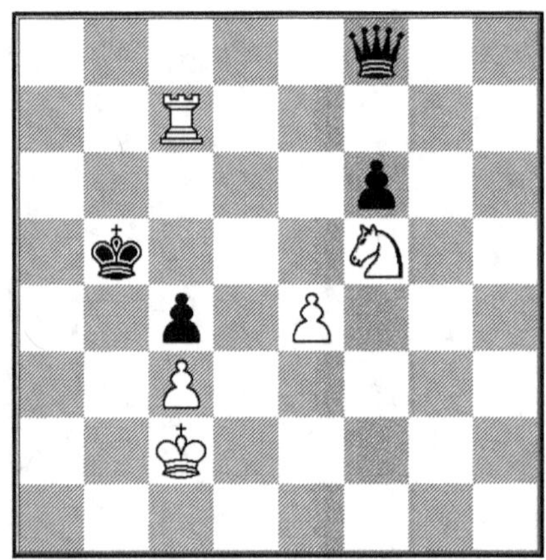

As pretas têm uma teórica superioridade numérica (9-8), mas as ativas peças brancas dominam o cenário.

4 - Finais com várias peças

89 - Jogam as brancas ★★

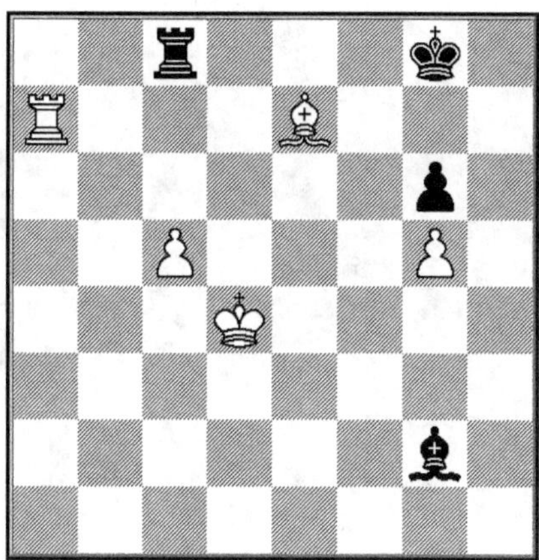

Você acredita que as brancas podem levar a bom termo o peão extra e a posição dominante de sua torre?

91 - Jogam as pretas ★★

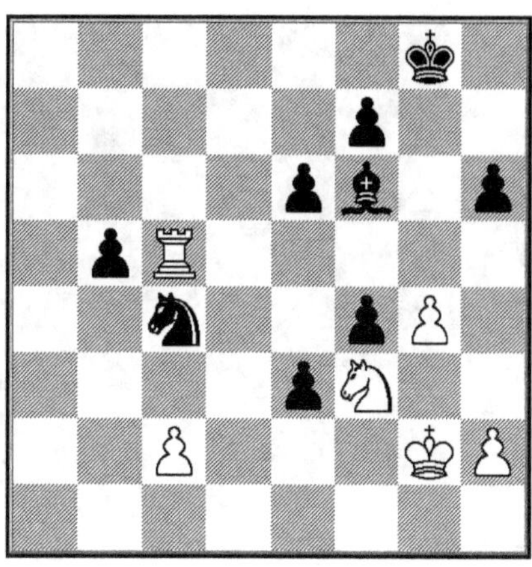

As brancas acabam de jogar **35.♖c5**, mas as pretas estão em condições de criar-lhes problemas decisivos.

90 - Jogam as pretas ★★

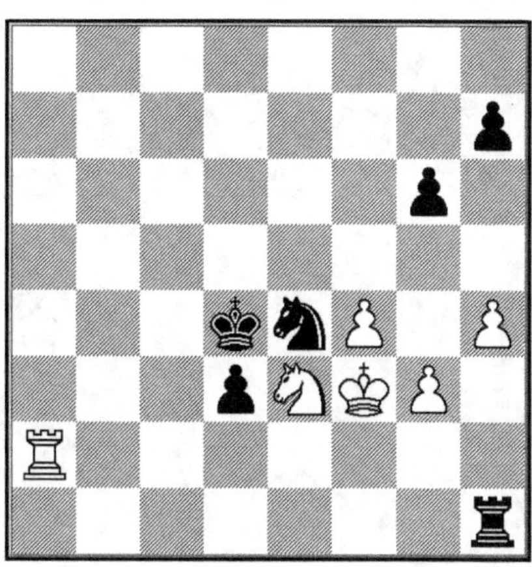

Ocorre-lhe um lance tão forte que obrigue ao abandono imediato? Justifique-o com uma linha de jogo.

92 - Jogam as brancas ★★

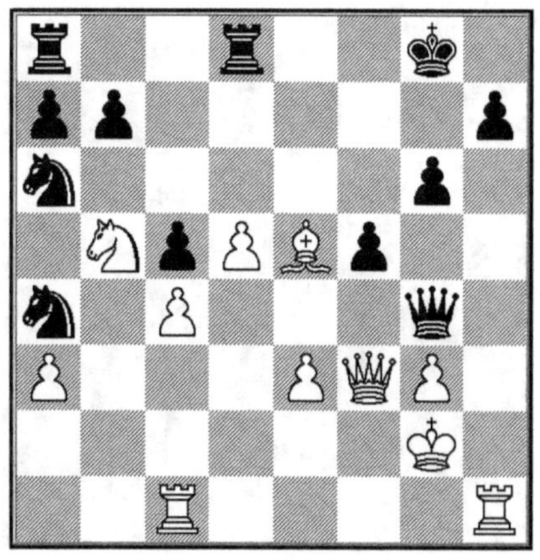

As brancas podem forçar um desenlace rápido nesta posição do meio-jogo que logo se converte em final.

93 - Jogam as brancas ★★

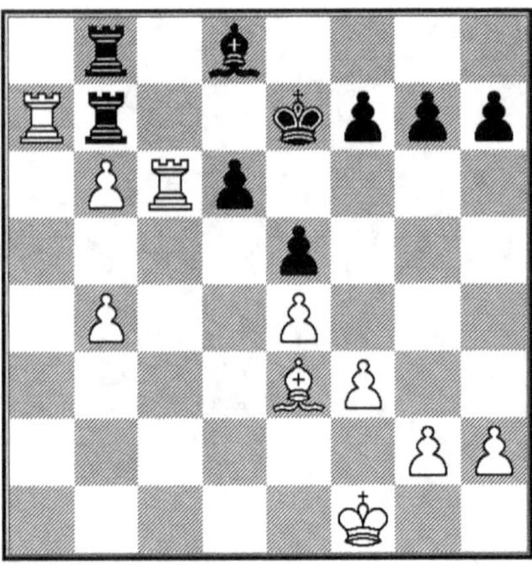

O lado que tem a iniciativa se verá recompensado com um golpe tático definitivo. Qual?

95 - Jogam as brancas ★★

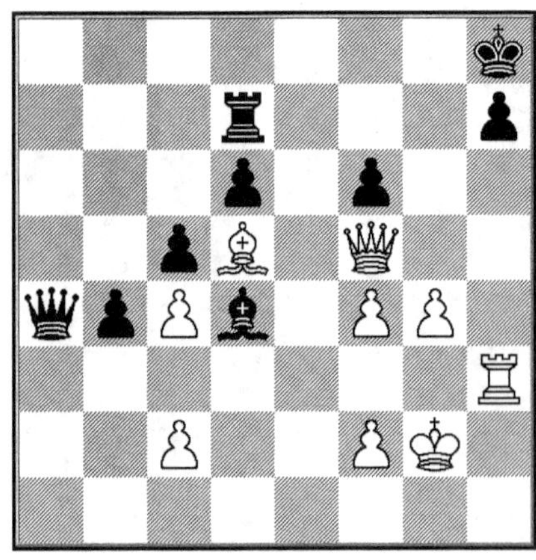

A posição está carregada e você só tem que apertar o gatilho. Mas seja preciso e conte-nos tudo.

94 - Jogam as brancas ★★

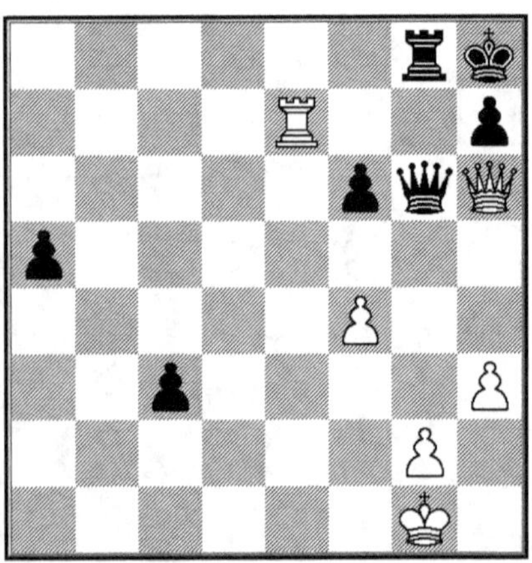

Nesta posição desesperadora, as brancas devem lançar mão do último recurso técnico: a imaginação!

96 - Jogam as brancas ★★

O que acha desta posição? Deve ser empate ou as brancas têm alguma possibilidade de vencer?

4 - Finais com várias peças

97 - Jogam as brancas ★ ★

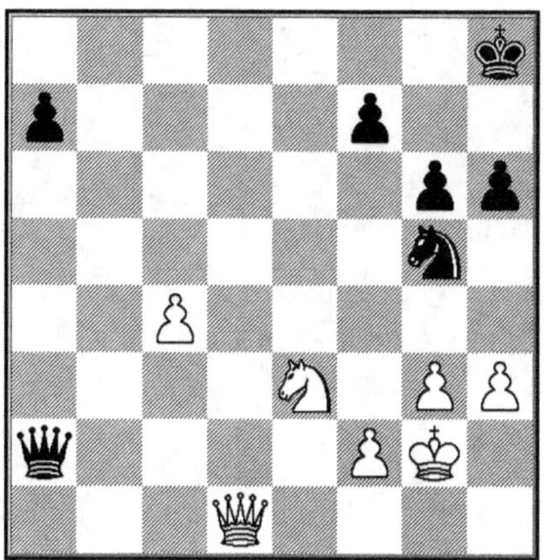

As brancas demonstrarão aqui que podem desenvolver um jogo mais ativo, o que será suficiente para se imporem.

99 - Jogam as pretas ★ ★

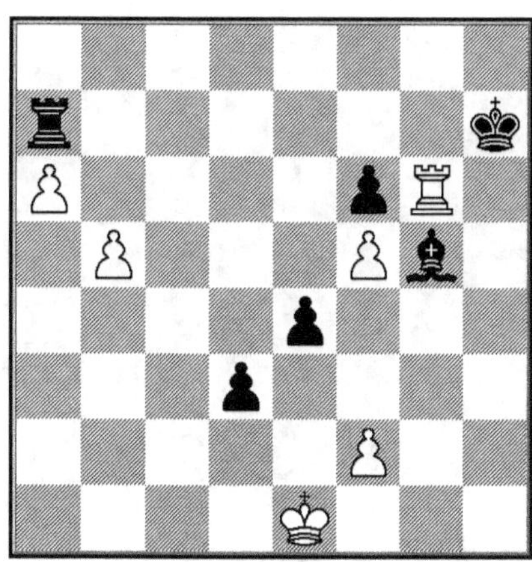

É possível que as pretas possam vencer nesta posição? Claro que têm uma peça de vantagem, mas os peões brancos...

98 - Jogam as brancas ★ ★

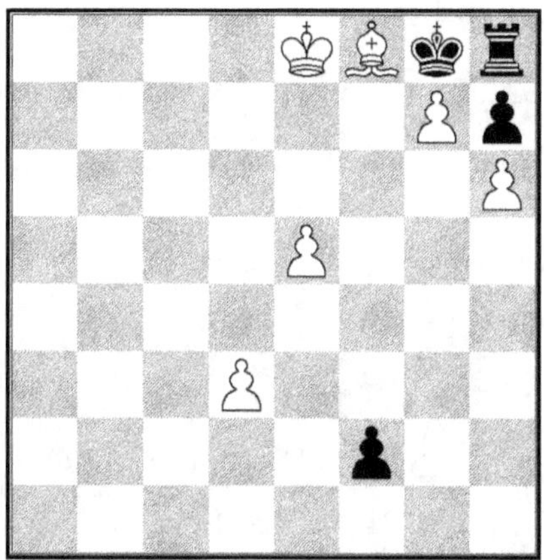

É indiscutível que esta posição é um tanto ajustada, mas a beleza de sua solução justifica sua inclusão aqui.

100 - Jogam as brancas ★ ★

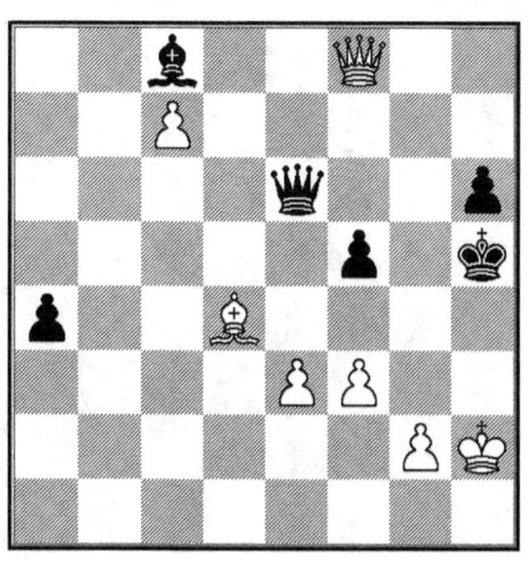

O rei preto está mais exposto que o branco e os bispos de cores opostas são um fator favorável ao lado que ataca.

4 - Finais com várias peças

101 - Jogam as pretas ★★

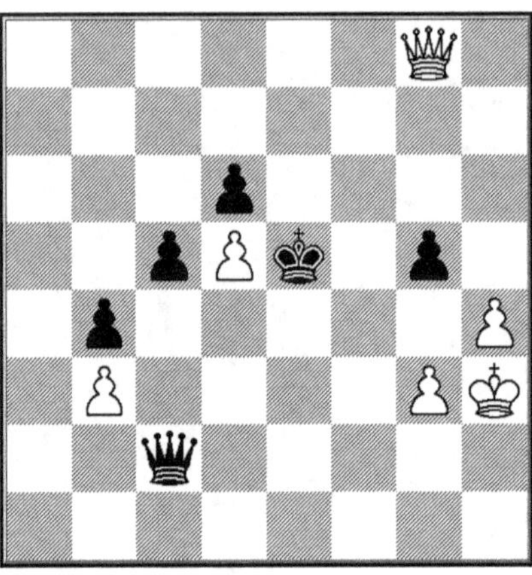

A partida se decide com dois toques sutis, baseados em um conceito implacável.

103 - Jogam as brancas ★★

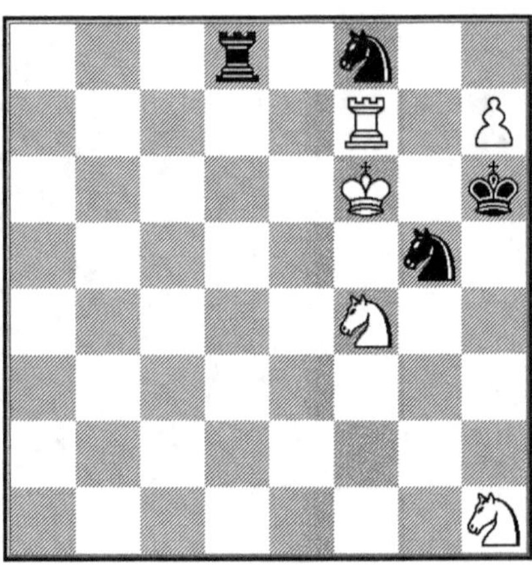

O peão "h" pode coroar com xeque? Sim, mas isso não significa que esteja resolvido o final. Verifique e diga-me.

102 - Jogam as brancas ★★

As pretas têm muitos peões, mas esse não é o fator prioritário na luta, o qual você se encarregará de descobrir.

104 - Jogam as brancas ★★

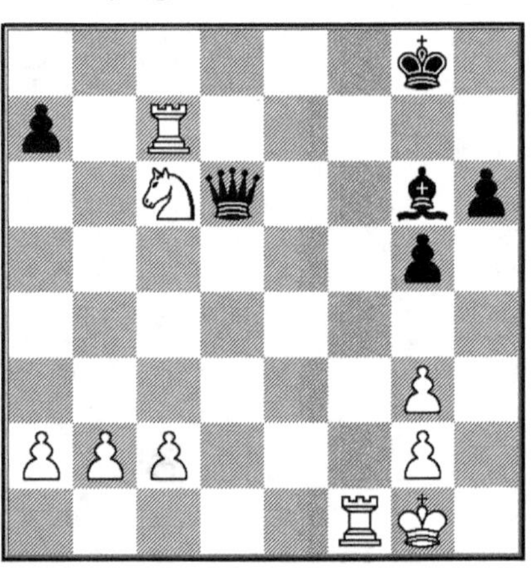

A correlação de forças não é tão importante quanto sua coordenação. Veja aqui como um Grande Mestre espanhol arremata.

105 - Jogam as pretas ★★

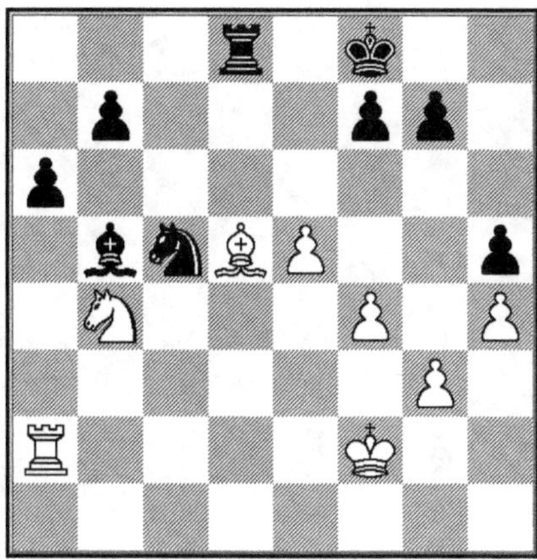

As pretas podem inclinar a balança decisivamente a seu favor, mas cuidado com as reações possíveis.

107 - Jogam as brancas ★★

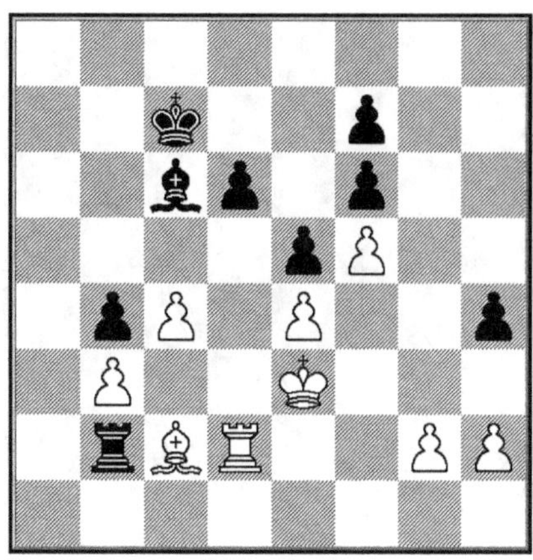

O que aconteceria se as brancas decidissem jogar pelo tudo ou nada com **46.g3**, e se 46...h×g3, 47.h4 - ?

106 - Jogam as pretas ★★

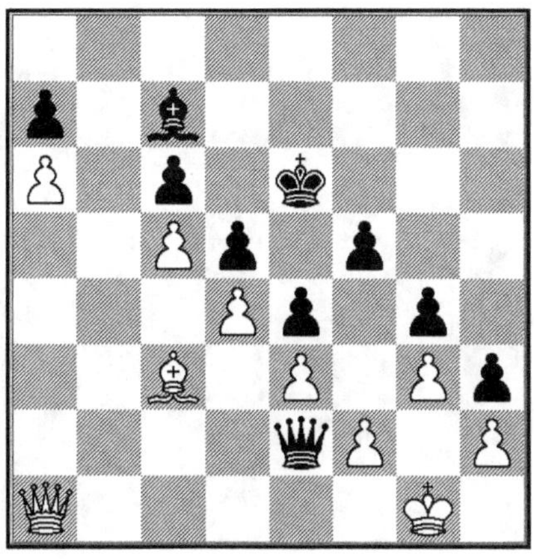

A grande vantagem espacial das pretas deve poder se transformar em algo concreto. O que você opina?

108 - Jogam as brancas ★★

Acredita que seu peão "b" bastará para as brancas vencerem? Ou talvez as pretas consigam empatar?

109 - Jogam as pretas ★★

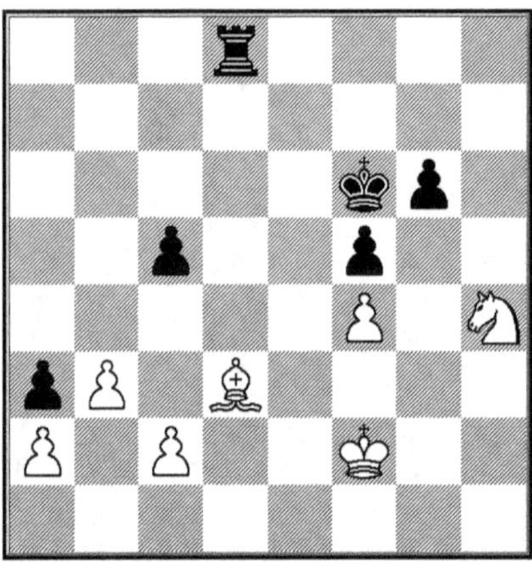

As brancas têm uma vantagem indiscutível, mas as pretas encontram um modo de igualar as ações. Como?

111 - Jogam as brancas ★★

As dificuldades técnicas para ganhar aqui (inclusive após o primeiro lance, 1.♖b3+) são consideráveis. Você as superará?

110 - Jogam as brancas ★★

É difícil imaginar que as brancas possam vencer este final, mas assim é. Necessitará seguir a varinha de um mágico.

112 - Jogam as brancas ★★

As brancas podem vencer, explorando os motivos geométricos da posição. Observe a situação da dama e do rei pretos.

4 - Finais com várias peças

113 - Jogam as brancas 

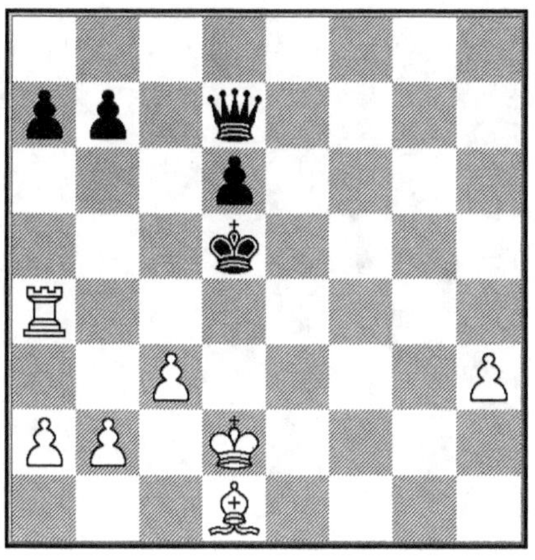

A geometria rege esta posição, convertendo-se em dona e senhora das manobras. Apenas tem que vencer.

114 - Jogam as brancas 

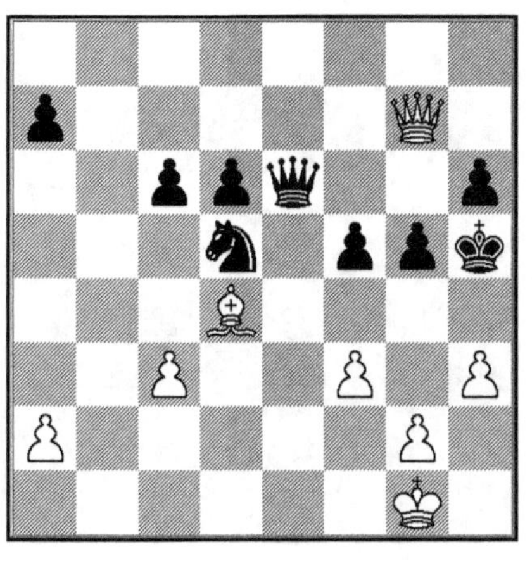

As pretas têm boas peças, mas seu rei é um fator desestabilizador. Como você o exploraria?

115 - Jogam as brancas 

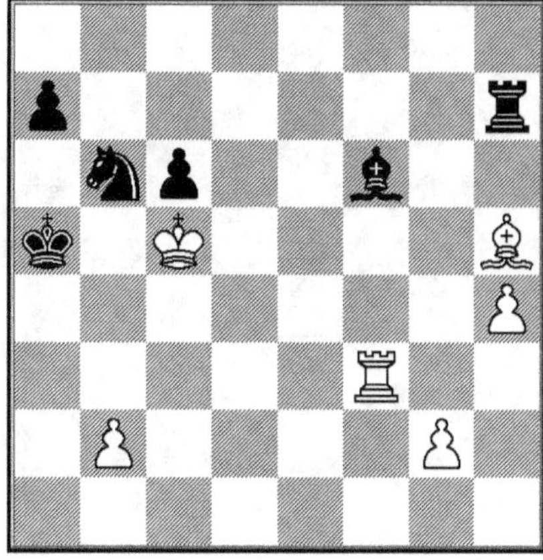

Aqui há duas filigranas, cuja engenhosidade sem dúvida descobrirá, ajudado pela característica forçada das mesmas.

116 - Jogam as brancas 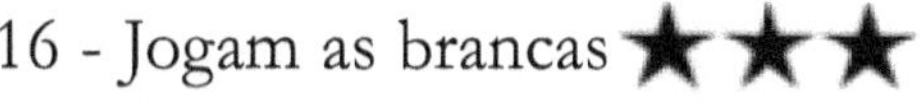

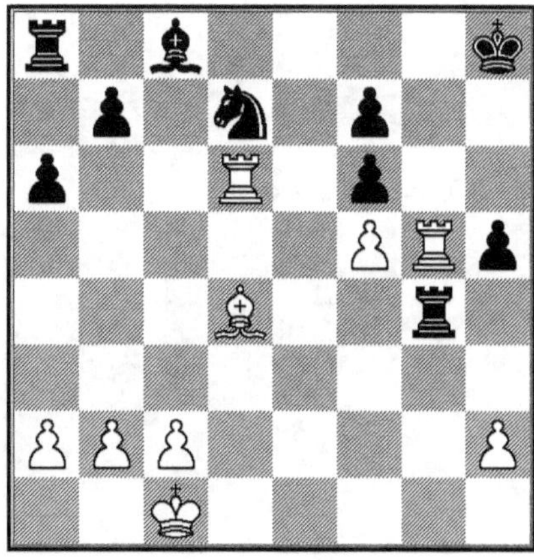

As brancas sacrificaram peça, mas pode-se dizer que seu ataque não prosperou. Examine a posição com lupa.

117 - Jogam as pretas ★★★

A posição das pretas parece desesperadora, mas elas têm algo mais que o direito de espernear...

119 - Jogam as pretas ★★★

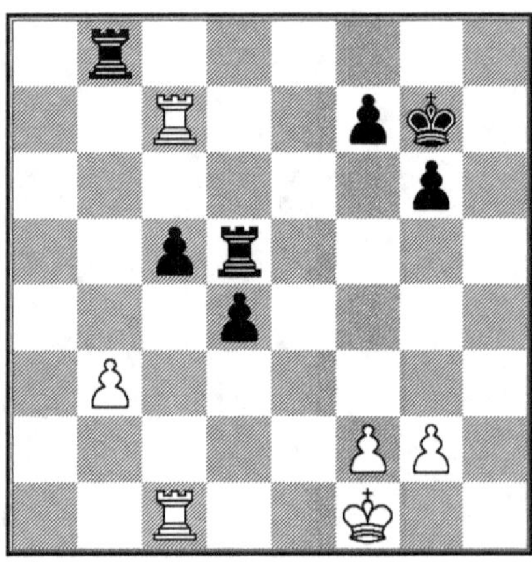

Apesar do ataque sobre "c5", o final está ganho para as pretas. Você se atreveria a compartilhar seu projeto vencedor?

118 - Jogam as pretas ★★★

O bloqueio branco se sustenta em alfinetes e a arrasadora vantagem espacial das pretas se fará sentir. Como?

120 - Jogam as brancas ★★★

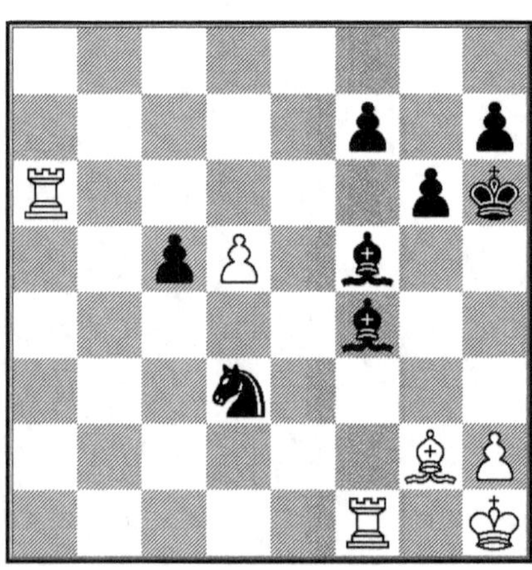

Por cada qualidade, as pretas têm um peão, e, além disso, suas peças estão bem coordenadas. Como romper sua defesa?

4 - Finais com várias peças

121 - Jogam as brancas ★ ★ ★

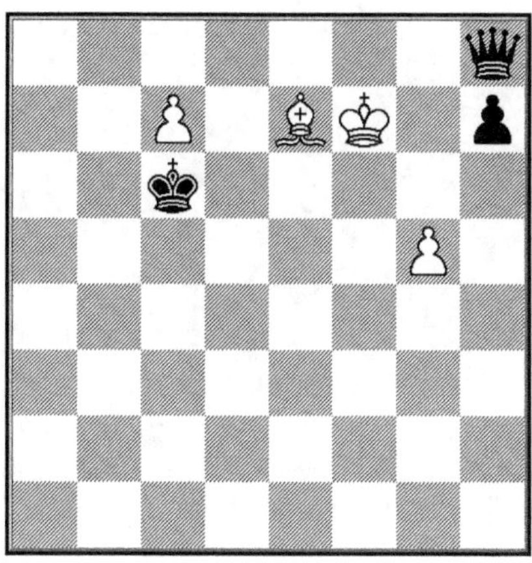

A pergunta inevitável: as brancas podem ganhar? Você deve respondê-la e indicar os lances.

123 - Jogam as brancas ★ ★ ★

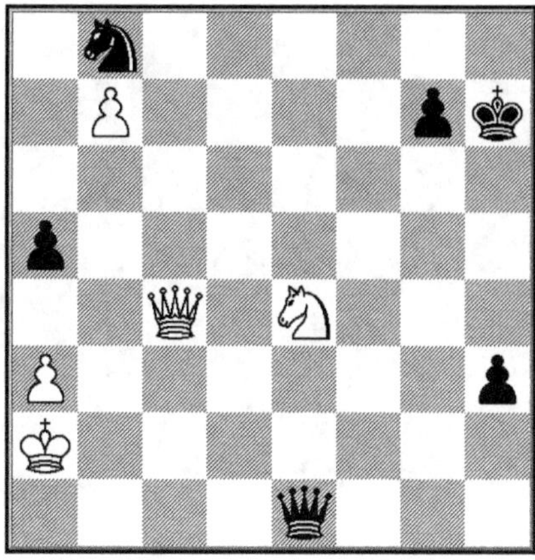

Este final oferece alguns obstáculos, mas, se você quer emular o grande Capablanca, esta é sua oportunidade.

122 - Jogam as brancas ★ ★ ★

O material não é tudo. Em um tabuleiro vazio, as peças brancas estão descoordenadas. Consiga o empate.

124 - Jogam as brancas ★ ★ ★

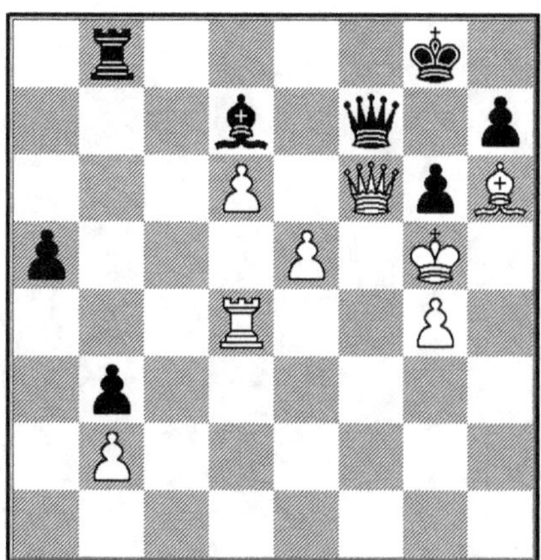

Se as brancas não conseguem desfazer de imediato o bloqueio, podem ter problemas com o avanço ...a4–a3. O que propõe?

4 - Finais com várias peças

125 - Jogam as pretas ★★★

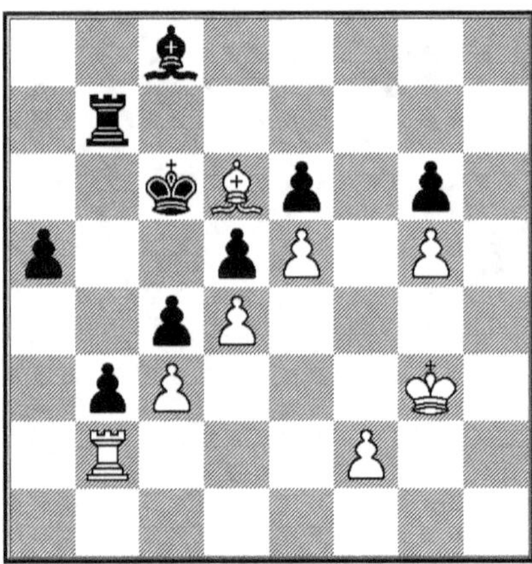

Sim, os dois peões passados e unidos são um fator considerável, mas como romper o bloqueio, com os bispos de cores opostas?

126 - Jogam as brancas ★★★

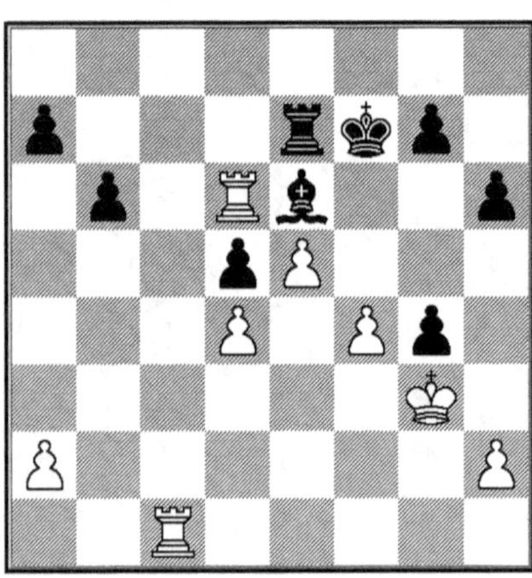

Peão por qualidade em uma posição que parece resistente. Mas as brancas têm, além disso, peças muito ativas e espaço.

127 - Jogam as brancas ★★★

Uma das belas criações do tabuleiro. Sem apenas elementos, o compositor criou uma obra prima.

128 - Jogam as brancas ★★★

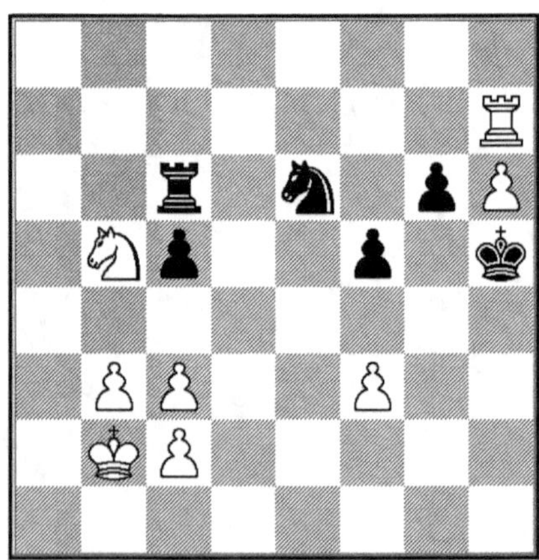

Para explorar este final se requer técnica, imaginação e fé nas próprias possibilidades. Emule um campeão!

Soluções

1 - Finais de peças menores

1. 1.♘g4! h3 2.♔f1 h2 3.♘f2++.
Posição didática.

2. Por 38...♘e3!, já que, se 39.♔×e3,
39...h2 e o peão coroa. Medina-Tal,
Palma de Mallorca 1966.

3. 1.♘g7+! ♘×g7 2.h6 ♔f7 3.h7
(1-0). Chéron, 1952.

4. 1.♘d6 (também serve 1.♘e3) 1...
♔g8 2.♘e4 ♔h8 3.♘f6! g×f6 4.♔f7
f5 5.g7+ ♔h7 6.g8♕++. Estudo de
Salvio.

5. 1...a4 (1...♗c1 2.b3) 2.♘f2 ♗c3!
3.♘d3 ♗×d4 4.g3 ♗×b2! (0-1).
Posição didática.

6. As brancas se salvam com uma
manobra diabólica: **1.♔h7! h3 2.♔h8
h2 3.♗h7! h1♕(♖).** Empate por
afogamento. Ou mesmo 3...♔×f7?
4.♗g8+ ♔f6 5.♗×d5 e ganham as
brancas. Posição didática.

7. 1.f6! g×f6 (1...♗×f6? 2.♘e4+,
3.♘×f6 e 4.d8♕) 2.♘e6 ♗e7 (2...
♗a5? 3.♔b7) 3.♘d4 ♗d8 4.♘c6 ♗b6
5.♔b7 (1-0). Estudo de V. Neishtadt,
1953.

8. 1.♗e7! ♗d7 (1...♔a5 2.♔d4 ♗h3
3.♗d6) 2.♗d8+ ♔c5 3.b6! a×b6 4.a7
♗c6 5.♗e7++. Estudo de Carlsson,
1976.

9. 1.h6 ♗g8 2.♗d5+ ♔a1 (2...

♗×d5?? 3.h7) 3.♗×g8 ♘g4 4.h7 ♘f6!
5.h8♖! (não 5.h8♕??, afogado).
Estudo de J. Sevcik, 1983.

10. 1.f7! ♔g7 2.♗e7! ♔×f7 3.♗b4.
O cavalo está preso e o rei branco
captura-o (1-0). Estudo de T. Lawson,
1925.

11. 37...g4! (37...♘f4+? 38.♘×f4
g×f4 39.♔f3 =) **38.♘g5** (38.♘f2
♘×f2 39.♔×f2 a5 −+) **38...♘c1+
39.♔e3 ♘×b3 40.h6 a5 41.♔f4 ♘d4!
42.♔×g4 a4 43.♔h5** (43.♘e4 a3
44.♘c3 b5!) **43...♘c6** (43...a3??
44.♔g6!; 43...♘c6 44.♔g6 ♘e5+
45.♔f5 a3! 46.♔×e5 a2) (0-1).
Topalov-Anand, Linares 1999.

12. 1.♗c4 ♘c5+ (1...♘b8 2.♔×e7+
♔g7 3.♔d6, e o cavalo cai) **2.♔d5!
♘a4 3.♗b3 ♘c3+ 4.♔c4! ♘b1
5.♗a2! ♘×a3+ 6.♔b3 ♘b5 7.♔a4+**
(1-0). Estudo de S. Kaminer, 1925.

13. 1.♘e5!! d×e5 2.d5 e4 3.d6 e3
4.d7 e×d2 (4...e2 5.d8♕ e1♕+
6.♔d7+) **5.d8♘!** (1−0). Não 5.d8♕??
d1♕ 6.♕a8 ♕a4+ 7.♕×a4, afogado.
Estudo de Siknevsky, 1978.

14. 1...a3 2.♘c1 ♗a4! 3.♔×d5
♗b3!! (3...♗×c2 4.♔×c4) **4.c×b3 a2!!**
(4...c×b3? 5.♘×b3) **5.♘×a2 c×b3**, e o
peão coroa (0-1). Agapov-Kurmashov,
Kaliningrado 1978.

15. 59...g5!! 60.f×g5 (60.h×g5? h4
−+) **60...d4+! 61.e×d4** (61.♗×d4
♔g4) **61...♔g3 62.♗a3 ♔×h4
63.♔d3** (63.g6 ♔g4 64.♔d3 h4 65.g7
h3 −+) **63...♔×g5 64.♔e4 h4 65.♔f3
♗d5+** (0−1). Se 66.♔f2, 66...♔g4

67.♔g1 ♔g3 68.♗d6+ ♔f3. Kotov-Botvinnik, Moscou 1955.

16. **64.♘×c5!! b×c5 65.b4! a×b4** (65...c×b4 66.c5 ♘e4 67.d7 b3+ 68.♔b2 +−; 65...♘d7 66.b×a5) **66.a5 e4 67.a6 ♔f2 68.a7 e3 69.a8♕ e2 70.♕f8 e1♕ 71.♕×f6+ ♔g3 72.♕g5+ ♔h3 73.♕d2! ♕a1** (73... b3+ 74.♔c3) **74.d7 ♕a2+ 75.♔d1 ♕b3+ 76.♔c1 ♕a3+ 77.♔d1 ♕b3+ 78.♔e2! ♔g4** (78...♕×c4+ 79.♕d3+) **79.♕d1 ♕×c4+ 80.♔e3+** (1−0). Alburt-Lerner, Kiev 1978.

2 - Finais de torres

17. **1...♖h6+! 2.g×h6 g6++.** Posição didática.

18. **1.♖g5! ♔g7 2.♔b2!** (1−0). Se a torre das pretas se mantiver na coluna "h", entra em cena o rei branco. Se se mantiver na terceira fileira, então 3.h6+ ♔×h6 4.g7 e 5.g8♕. Estudo de Minev, 1972.

19. Se **1...♔g4?, 2.f5!** (1−0). Radzikowska-Erenska, Polônia 1978. Se 2...e×f5 (2...g×f5), 3.♖f4++, e se 2...♖×g3, 3.f6, ganhando. Com 1... ♔e4!, o empate seria muito provável.

20. **1.h7.** Onde as pretas param o peão? Na fileira ou na coluna? Se 1... ♖h2, segue 2.♖f1+ ♔d2 3.♖f2+ (desvio) 3...♖×f2 4.h8♕. Se 1...♖d8, 2.♖c6+ ♔d2 3.♖d6+ ♖×d6 4.h8♕. Estudo de A. Troitzky, 1924.

21. De imediato, não se deve responder com o tentador avanço 55.b6?, por 55... ♖e1+! 56.♖×e1 e empate (como ocorreu na partida Schlechter-Wolf, Nuremberg 1906). Com 55.♔f1!, se vence a luta sem problemas.

22. **1.♖h6+! g×h6 2.g6+ ♔h8 3.g7+ ♔h7 4.g8♕++.** Zelinsky-Kalinin, Moscou 2000.

23. **1.♖a1!** (não serve 1.♖c2+ ♔b1 2.♖×a2 ♔×a2 3.♔e3 ♔b3 4.♔f4 ♔c4 5.♔g5 ♔d4 6.♔×g6 ♔e5 7.♔×h5 ♔f5, empate) **1...♔×a1** (1...♔b3 2.♔c1 ♔a3 3.♔c2) **2.♔c2!** (não 2.♔c1?) **2...g5 3.h×g5 h4 4.g6 h3 5.g7 h2 6.g8♕ h1♕ 7.♕g7++.** Estudo de Polerio.

24. **1.♖d4! ♖×d4 2.d7** (1−0). Vatnikov-Vietal, Praga 1973.

25. **1.♖g5!! h2** (1...♖h6 2.a3+ ♔×a3 3.♖g4 ♖a6 4.♖h4 ♖a5 5.b5 ♖b5) **2.a3+ ♔×a3 3.♖a5+ ♔b4 4.♖a4+ e 5.♖×h4.** Estudo de A. Selesniev, *Niva* 1912.

26. **1...♖c4+ 2.♔g5** (a 2.♔g3 segue o mesmo) **2...♖h4!! 3.♔×h4 g5+ 4.♔×g5 ♔g7** (0−1). Aficcionado-Lasker, simultâneas, 1914.

27. **1.♖g1+** (não 1.e×f5 ♖a7+, nem 1.♖×f5 ♖a7+ 2.♔d6 ♖a6+ 3.♔c7 ♖a7+ 4.♔b6 ♖f7, com empate em ambos os casos) **1...♔h7 2.e5! ♖×e5+** (2...f4 3.e6 f3 4.♔f6 f2 5.♖f1 ♔g8 6.♖×f2) **3.♔f7! ♔h6 4.♔f6!** (1−0). Estudo de Selesniev, 1923.

28. **40.♖b6!! ♖a8** (40...♖a7; 40... ♖×b6 41.c×b6 ♔d7 42.e5! f×e5 43.d×e5 a4 44.e6+, e as brancas coroam antes) **41.♖×f6 a4 42.♖f2 a3 43.♖a2 ♔d7 44.d5 g5 45.♔f3 ♖a4 46.♔e3 h5 47.h4 g×h4 48.g×h4 ♔e7 49.♔f4 ♔d7 50.♔f5** (1−0). Réti-Rubinstein, Carlsbad 1923.

29. **1.♔d6!! d2 2.♔c7! d1♕**

3.Ra6+! bxa6 4.b6+ Ka8 5.b7+ Ka7 6.b8Q++. Estudo de F. Richter, 1939.

30. 1.Kh5! e2 (1...d3 2.Rf8+ Ke4 3.Kg4 d2 4.Re8+ Kd3 5.Rd8+ Kc2) **2.Rf8+ Ke4 3.Kg4 Ke3** (3...d3 4.Re8+ Kd4 5.Kf3 Kc3 6.Kf2 Kc2 7.Re3) **4.Re8+ Kf2** (4...Kd2 5.Kf3 d3 6.Kf2 =) **5.Rf8+ Kg2** (5...Kg1 6.Re8 d3 7.Kf3 Kf1 8.Rh8 Kg1 9.Rg8+ Kf1 10.Rh8 =) **6.Re8 d3 7.Re3! Kf2 8.Rf3.** Empate. Dgebuadze-Fominyj, Erevan 1997.

31. 1.Ra6! Rg8 (1...Rxa6? 2.g8Q; 1...g2 2.Rxa8 g1Q 3.g8Q +-) **2.Ra7+ Ke8** (2...Kd8 3.Ra8+ Ke7 4.Rxg8 g2 5.Re8+! Kxe8 6.g8Q+) **3.Ke6!** (1-0). Composição didática.

32. 50.Rc4! Ra1+ (50...cxb4+ 51.Rxb4+ Rxb4 52.Kxb4 +-) **51.Kb2 Kb5 52.Rc2 Ra6 53.bxc5 Rc6 54.Kb3** (1-0). Van den Doel-A.Kovacevic, Leon 2001.

33. Com **62...h2! 63.Rh8 c3 64.Rxh2+ Kd3** é empate. Na partida Leko-Markowski, Polanica Zdroj 1998, foi jogado **62...Kd3? 63.Kf3 h2 64.Rd8+ Kc2 65.Rh8 Kd3 66.Kf2 Kd2 67.Rxh2 c3 68.Kf1+ Kd1 69.Rh8 c2 70.Rd8+ Kc1 71.Ke2** (1-0).

34. Com 1...axb3 o final é empate. Não serve **1...Rf4?**, por **2.Rf3!**. Depois de **2...Rxf3+ 3.gxf3 axb3 4.Kxb3**, o peão "a" é passado. **4... Kd5 5.Kc3 c4 6.f4 f5 7.h4 h5 8.a3 Kc5 9.a4 Kd5 10.a5 Kc5 11.a6 Kb6 12.Kxc4** (1-0). Zaberskis-Malaniuk, Cracóvia 2001.

35. 1.g4! (para impedir ...Rh5) **1... Re4 2.a5 Rxg4 3.a6 Rh4 4.Rd8!!** (interposição) **4...Kxd8 5.a7** (1-0).

Estudo de Alekhine, *Tijdschrift v. d. NSB*, 1933.

36. 57...b3! 58.Rd8+ Kc5! (58... Kc4? 59.Ke4 =) **59.Rc8+ Kd4 60.Rd8+ Ke3 61.Rb8 b2 62.Ke5 Kf3!** (62...c2? 63.Rb3+ Kd2 64.Rxb2 =) **63.Kf5 Ke2 64.Ke4 Kd1 65.Kd3 c2** (0-1). A.Petrosian-Zeshkovsky, Minsk 1976.

37. 1.b4! Rxb4 (1...Rxd6 2.bxc5) **2.d7 Rd4** (2...Rb8 3.Kc4 Rd8 4.Kxc5 Rxd7 5.b4 =) **3.b4! Rxd7 4.bxc5.** Empate. 4...Rd2 5.Kc4 Ke2 6.c6 Rc2+ 7.Kd5. Helmertz-Wernbro, Lund 1973.

38. 1...e3! 2.Rxd4 e2 3.Rd6+ Kf7 4.Rd7+ Kf6 5.Rd6+ Ke7 6.Rd3 (aqui salvava 6.Rd5! e1Q 7.Rxf5 =) **6...e1N+!** (não 6...e1Q? 7.Re3+) e **7...Nxd3** (0-1). Galic-Vukcevic, Iugoslávia 1975.

39. 1.Rg3+ Kc2 2.Rg4!! Kc3 3.Rg3+! (3.Kd7? b3 -+) **3...Kb2 4.Rg4 Kb3 5.Kd7!! c3 6.Kc6 c2 7.Kb5! c1Q 8.Rxb4+ Ka3 9.Ra4+.** Empate. Estudo de Kopaev, 1953.

40. 34.f5! gxf5 (34...b4 35.f6 b3 36.f7 Rd8 37.Rb7 Kc3 38.h5 +-) **35.h5 Rd4?!** (35...Rd2+ 36.Kg3 b4 37.g6 b3 38.g7 Rd8 39.h6 +-) **36.g6 b4 37.g7 Rg4+ 38.Kf3 b3 39.h6 Kd3 40.h7 b2 41.g8Q** (1-0). 41...b1Q 42.Qd5+ Kc3 (42...Rd4 43.Qxf5) 43.h8Q+. Eliskases-Keres, Olimpíada de Buenos Aires 1939.

41. 55.Kg6! +- (Hecht) **55...Rxf4** (55...Kf8 56.Rd8+ Ke7 57.Rg8 Rxf4 58.g5 +-) **56.g5 Kf8 57.Rd8+ Ke7 58.Rd5 Kf8 59.Rd8+ Ke7 60.Rg8! Rg4 61.Rxg7+ Kf8 62.Rf7+ Kg8 63.Ra7 Kf8 64.Ra8+ Ke7 65.Rg8 Rg1 66.Kh7 Rh1+ 67.Kg7 Rg1 68.g6 Rg2 69.Ra8 Rh2 70.Ra1 Rg2**

71.♖e1+ ♔d7 72.♔f7 ♖f2+ 73.♔g8 ♖g2 74.g7 ♖g3 75.♖h1 (1–0). Hort-Chiburdanidze, Marbela 1999.

42. 1.♔b1! (1.♖e6 ♔g7 2.♖×e5 ♖h8 3.♖f5 ♖h2 4.♖×f4 ♖×g2 5.♖g4+ ♔f6 6.♔b1 ♖g1+ 7.♔a2 ♖c1 8.♖×g3 ♖×c2 –+) 1...♔g7 2.♖h6!! ♔×h6 3.♔c1 ♔g5 4.♔d1 ♖h8 5.♔e2 ♖h2 6.♔f1 ♖h1+ 7.♔e2, e a torre tem que abandonar a primeira fileira, pois, se 7...♖c1 ou 7...♖g1, é afogado. Empate. Estudo de J. Hasek, 1937.

43. Na partida foi jogado 70.♖h3?, mas depois de 70...♔f5! 71.h5 ♖c8 72.♔g7 ♔g4 73.♖h1 ♔g5 (=) 74.♖h3 ♖c7+ 75.♔f8 ♔g4 76.♖h1 ♔g5, foi acordado o empate. No entanto, se ganhava com 70.♖f7! ♖h8+ 71.♔g5 ♖g8+ 72.♔f6 ♖h8 73.♖a7 +–. Short-Yusupov, Olimpíada de Salônica 1984.

44. 63.♖f4! ♖c5 64.♖h4! b5 65.♖h7+ ♔f8 66.e4 a4 67.♖a7! b4?! (67...♖c4 68.d6 ♔e8 69.♔d5 ♔d8 70.e5 +–; 67...♖c8 68.d6 ♖b8 69.♔f6 b4 70.e5 b3 71.e6 b2 72.e7+ ♔g8 73.♖b7 +–) 68.♖×a4 ♖b5 69.♖a8+ ♔e7 70.♖a7+ ♔f8 71.♖a8+ ♔e7 72.♖a7+ ♔f8 73.♔e6 b3 74.♖f7+ ♔g8 (74...♔e8 75.♖h7 ♔f8 76.d6 ♖b6 77.e5 b2 78.♔f6 ♔g8 79.♖h1 +–) 75.♖f1 b2 76.♖b1 ♔f8 77.d6 ♖b4 78.e5 ♖b7 79.♔d5 ♖b3 80.e6 ♔e8 81.♖h1 ♖d3+ (81...b1♕?? 82.♖h8++) 82.♔c5 ♖c3+ 83.♔d4 ♖f3 84.♖h8+ (1–0). Se 84...♔f8, 85.d7+ ♔e7 86.♖×f8 ♔×f8 87.d8♕+. Flohr-Thomas, Nottingham 1936.

45. 61.♔d1? ♔d3 62.♖d8+ ♔e3 63.♖c8 c2+ 64.♔c1 ♖g2 65.♖c5 ♔f4 66.♖c4+ ♔f3 67.♔b2 ♔g3! (67... ♖×g4 68.♖c3+ ♔f4 69.♔×c2) 68.♔c1 ♔h3 69.♔b2 ♖×g4 (0–1). Goloshchapov-Z. Varga, Miskolc 2004.

As brancas poderiam empatar com 61.♔c1! ♔d3 62.♖d8+ ♔e4 63.♖e8+ ♔f3 64.♖f8+ ♔g3 65.♖f5! = (Varga).

46. 1.g7 ♖g8 (1...♖f5+ 2.♔×f5 ♔f7 3.g8♕+ ♔×g8 4.♔g6! ♔f8 5.♔f6 ♔e8 6.♔g7 +–) 2.♔f6 ♖f8+ (2...♔d8 3.♔f7 ♖×g7+ 4.♔×g7 ♔e8 5.♔g8! +–) 3.♔g5!! (3.g×f8♕+ ♔×f8 =) 3... ♖g8 4.♔g6! (1–0). Se 4...♔d8, 5.♔f7 ♖e8 6.g8♕ ♖×g8 7.♔×g8 ♔e8 8.♔g7 ♔d8 9.♔f8, etc. Estudo de L. Prokes, 1942.

47. 1...♖g8! (na partida Rogers-Van Huy, Kuala Lumpur 2004, foi jogado 1...♖d8? 2.♖×d8!! h1♕ 3.b7, e as brancas venceram: 3...♕c1 4.b8♕ ♕c2+ 5.♔×a3 ♕c3+ 6.♔a4 +–; não serve 1...h1♕?, por 2.♖×h1 ♔d5 3.♖h5+ ♔c6 4.♔×a3 +–) 2.b7 h1♕! 3.♖×h1 ♔d5 4.♖h5+ (4.♖c1 ♔c6) 4... ♔c6 5.♔×a3 ♖b8 6.♔b4 ♖×b7+ 7.♔c4 ♖h7! 8.♖×h7, afogado.

48. 38.f6 ♖d8 39.e7? (tampouco serviria 39.♖h2+ ♔e1 40.♖×d2 ♔×d2 41.e7 ♖c8 42.b5 a5! 43.f7 b6 44.e8♕ ♖c1+ 45.♔b2 ♖c2+, empate) 39... d1♕+ 40.♖×d1 ♖×d1+ 41.♔c2 b5, e perpétuo de torre nas três primeiras fileiras. Empate. Krush-De Dovitiis, Continental da América, Buenos Aires 2003. No entanto, se ganhava com 39.b5!! a5 (39...d1♕+ 40.♖×d1 ♖×d1+ 41.♔c2 ♖d2+ 42.♔c3 ♖d3+ 43.♔c4 a×b5+ 44.♔c5 +–) 40.b6! d1♕+ 41.♖×d1 ♖×d1+ 42.♔c2 ♖d2+ 43.♔c3 ♖d3+ 44.♔c4 (De Dovitiis).

3 - Finais de damas

49. 1.♕c4+! ♕×c4 2.g8♕+ e 3.♕×c4 (1–0). Posição didática.

50. 1.♕b8!, e as pretas têm que entregar a dama para atrasar o mate.

51. 1.♔f4?? (1.h×g6+) 1...♕b8++. Beliavsky-Johansen, Linares 2002.

52. 1.♕c2! ♕×c2. Empate por afogamento. Posição didática.

53. Depois de **1...e2??**, as pretas levaram um mate inesperado: **2.♕g1+ ♔d2 3.♕c1+ ♔d3 4.♕c3++**. Batuev-Simagin, Campeonato da URSS, 1954.

54. 1.♕e7+ ♕g5 (1...g5?? 2.♕e1+ ♕g3+ 3.♕×g3++) **2.♕e4+ ♕g4 3.♕e3!!**. *Zugzwang*. As pretas estão perdidas. Composição didática.

55. 1.♕d7+ ♔c1 (1...♔e1 2.♕e6+ ♔d1 3.♕d5+ ♔e1 4.♕e4+ ♔d1 5.♕d3+ ♔c1 6.♔b4) **2.♔b4 ♔b2 3.♕d4+ ♔b1 4.♔b3! c1♕ 5.♕d3+ ♔a1 6.♕a6+ ♔b1 7.♕a2++**. Posição didática. A chave é a proximidade do rei branco.

56. 1.♕b4! *Zugzwang*. (a) 1...♕d5(f3) 2.♕a4+ ♔b6 3.♕b3+! ♕×b3 4.b8♕+; (b) 1...♕g2 2.♕a3+ ♔b6 3.♕b2+! ♕×b2 4.b8♕+; (c) 1...♕h1 2.♕a3+ ♔b6 3.♕b2+ ♔c7 (3...♔a6 4.♕a2+ ♔b6 5.♕b1+!) 4.♕h2+! ♕×h2 5.b8♕+ (1-0). Estudo de L. Van Vliet, 1888.

57. 68...♕e5+! 69.♔h7 (69.♕g7+ ♔d6! 70.♔h7 ♕×g7+ 71.♔×g7 ♔e5 +-) **69...♕h5+** (0-1). Se 70.♔g7, 70...♕g5+ 71.♔h7 ♕×g8+ 72.♔×g8 ♔d6 73.♔f7 ♔e5. Gildardo Garcia-Mijalevski, Montreal 2004.

58. 33...♕×d6+ 34.♕g3+ ♕×g3+ 35.♔×g3 ♔f5 36.b4 c×b4 37.c×b4 ♔e4 38.h4 ♔d4 39.h5 ♔c4 40.♔f4 ♔×b4 41.g4 (1-0). Se 41...f6 (41... ♔c5 42.g5 ♔d6 43.h6 +-), 42.g5 f×g5+ 43.♔×g5. Khalifman-Eingorn, Leningrado 1990.

59. 1...♕h4+ 2.♕h7 (2.♔g8 ♕d8+ 3.♔h7 ♕h4+ 4.♔g6 ♕g4+ =) 2...♕d8+!! 3.g8♕ ♕f6+ 4.♕hg7 ♕h4+ 5.♕8h7 ♕d8+. Empate. A dama das pretas ataca sobre três linhas (duas fileiras e uma diagonal) e as damas brancas não podem cobrir duas. Estudo de G. Lolli, 1763.

60. 1.♕d5! ♕×b4+ (1...♕g6+ 2.♔f4+ ♔h2 3.♕e5! ♕d3 4.b5 +-; 1...♕g3 2.♔f5+ ♔g1 3.♕d4+!, e segue a troca de damas) 2.♔f3!!, e o rei das pretas não pode evitar o mate. Se, por exemplo, 2...♕c3+ 3.♔f2+ ♔h2 4.♕g2++ (1-0). Estudo de Neumann, 1887.

61. 1.♕e3 f4! (1...♔d1? 2.♕g1+ ♔e2 3.♕×c2) 2.♕f2! d1♕? (2...♔d1?? 3.♕f1++; 2...g4? 3.♕×f4; 2...f3 3.♕e3, seguido de ♔c3) 3.♔c3!!. Agora não pode jogar o rei preto, por 4...♕b6+ e mate em "b2". 3...f3 4.♕e3+! ♔b1 5.♕b6+ ♔c1 (5...♔a2 6.♕b2++) 6.♕b2++. Estudo de J. Behting, 1907.

62. A partida Alekhine-Maróczy, Nova Iorque 1924, foi empate depois de **28.f3 ♕h1+ 29.♔f2 ♕d1 30.♕c8+ ♔g7 31.♕×b7 ♕d2+ 32.♔g3 d4 33.e×d4 ♕g5+**. No entanto, as brancas poderiam vencer com 28.♕c8+ ♔g7 29.♕×b7 ♕h1+ 30.♔e2 ♕×g2 31.a4 ♕×h3 32.a5 ♕g4+ 33.♔d2 ♕f3 34.a6! ♕×f2+ 35.♔d3 ♕f1+ 36.♔d4 ♕d1+ 37.♔c5 ♕c1+ 38.♔d6 ♕×e3 39.a7, e não há perpétuo.

63. 1.♕b1!! ♔d4 2.♕b3! ♕×e4+ 3.♔d6 ♕a8 4.♕e3+ ♔c4 5.♕c3+ ♔b5 6.♕b3+ ♔a6 7.♕a4+ ♔b7

8.♕b5+ ♔a7 (não 8...♔c8??, por 9.♕d7+ ♔b8 10.♕c7++) **9.♔c7** e mate em dois. Observe-se que todos os lances do rei preto são forçados. Estudo de H. Rinck, *Bohemia*, 1906.

64. **1.♕e8! ♕b7 2.a8♗!** (2.a8♕? ♕f7+! 3.♕×f7, afogado) **2...♕b3** (2...♕×a8 3.♗×a8 g6+) **3.♗c6 ♕c4 4.♗d7!**, com a ameaça ♗e6 (1–0). Composição didática.

> ## 4 - Finais com várias peças

65. **1.b5+! a×b5 2.♘b4++.** Lamoureux-Mollov, Périguex 2000.

66. **1...h3!** (com a ameaça de mate em f1, ...♕f2+, ...♕f1+, e as brancas não podem controlar as casas "g2" e "f2" ao mesmo tempo (0–1). Kakageldiev-Kasimdzhanov, Teerã 1998.

67. **1...♖d1+ 2.♔e2 ♖gd8 3.♘×f4 ♖8d2+ 4.♔e3 ♗d4+! 5.c×d4 c×d4++.** Kleczynski-Czerniak, Tel Aviv 1963.

68. **1...♖b1 2.♗h3 ♖b8! 3.♗g4 ♖h8+ 4.♗h5 ♖h6!** *Zugzwang* (0–1). Se 5.a6, 5...♖×a6, e tudo volta ao começo. O rei branco de lado é um fator negativo. A. Rodriguez-Visier, Las Palmas 1974.

69. **1...♘f1+ 2.♔f4** (2.♔h4 ♖c4+ 3.g4 g5+ 4.♔h5 ♔h7 5.♗g2 ♗f5 6.♗e4 ♗g6+ 7.♗×g6+ f×g6++) **2... g5+ 3.♔e4 ♘g3+** (0–1). 4.♔d4 ♘f5+ 5.♔e4 ♖c4+ 6.♖d4 ♖×d4++. Scoriels-Zude, Hastings 2005-06.

70. **1.♖×c8+! ♔×c8 2..♗×b7+ ♔×b7 3.♕×g3** (1–0). Khanuszewski-

Dabrowski, Lodz 2001.

71. **1.♖×g7+!** (1–0). Se 1...♖×g7, 2.♘f8+ ♔h8 3.♖×h6+ ♖h7 4.♖×h7++. Suetin-Zeshkovsky, Moscou 1972.

72. **1...♖×c4! 2.♖×c4 ♘b6 3.♖c5** (única, pelo mate em "d5") **3...♘d5+ 4.♖×d5 e×d5**, e o final de peões está perdido para as brancas: **5.e4 f×e4 6.f×e4 d×e4 7.♔×e4 ♔e6** (0–1). Dartav-Kogan, Riga 1977.

73. **1...♗c3 2.♖d1 ♖×f1+! 3.♖×f1 e3**, e a torre deverá se entregar pelo peão (0–1). Hahn-Tarrasch, Halle 1883.

74. **1...d4! 2.♕×d4** (2.c×d4? e3; 2.♖×d4 ♕×f2+) **2...♖×d5**, ganhando a torre (0–1). Posição didática.

75. **1.♗e3!** (não 1.♗g5 ♖g1! =; nem 1.♗h6 ♖g1 2.g7 f5 3.♔×c7 f4 4.b6 f3 5.b7 f2 6.b8♕ ♖×g7+! =) **1...♖f3** (única) **2.♗g5!! f×g5** (2...♖g3? 3.♗h4) **3.g7** (1–0). Estudo de H. Rinck, 1906.

76. **1.♖e5!** (1.♔f6 ♔h5! = 2.♖a1 ♔g4!) **1...b2** (1...♗g6+ 2.♔f6 ♗h5 3.♖b5 ♗d1 4.♖b4! e mate em três) **2.g4 ♗g6+ 3.♔f6 b1♕** (3...♗e8 4.♖h5+! ♗×h5 5.g5++) **4.♖h5+!! ♗×h5 5.g5++.** Estudo de Sijkril, 1973.

77. **1.♔b3 a2 2.♔c2 h3 3..♗f3 h2 4.♗a8 ♘e2 5.♗b7 ♘g3 6.♔c1! h1♕+ 7.♗×h1 ♘×h1 8.♔c2.** Empate. O rei preto não pode sair, pois seu rival alterna entre "c1" e "c2". Estudo de Ercole del Rio, 1750.

78. **1.♗d8+ ♔a7 2.♖×a6+! b×a6** (2...♔×a6?? 3.♕a5++) **3.♕d7+ ♔b8 4.♕c7+ ♔a8 5.♕c8+ ♔a7 6.♗b6+! ♔×b6 7.♕b8++.** Estudo de D. L. Ponziani, 1769.

79. 1.d6+ ♔d7 2.♘ac5+ ♔e8 3.d7+ ♘×d7 4.♘d6+ ♔f8 (4...♔d8) 5.♘e6++. Muito bonito, mas se as pretas jogarem 1...♔c6! não se pode ganhar. Por exemplo: 2.♘ac5 (2.d×e7 ♔d7) 2...♘c8 =. Estudo de A. Troitzky, 1896.

80. 52.♗g6! h×g6 53.f×g6 ♖e8 54.d6! (1–0). Se 54...♗×d6, 55.h7. Nesis-Franzen, Correspondência, 1979-83.

81. 1.♗d2!! g2 (1...h2) 2.♗a5! g1♕ 3.b4!. Empate. Composição didática.

82. 30.♕e5! ♘×b4 (30...♘c7 31.h4 ♕d7 32.♕d6 ♕f7 33.♕d8+ ♔g7 34.♕×c7) 31.♘e6 ♕d7 32.♕f6! (1–0). Se 32...♕f7, 33.♕d8+. Portisch-Uhlmann, Interzonal de Estocolmo 1962.

83. 1.♗g5!! (1.g7 f5; 1.♗e4 ♗e6) 1...f×g5 (1...♗e7 2.g7 f5 3.♗×e7) 2.g7 (1–0). Hennings-Walter, Alemanha Oriental 1964.

84. 38.♗d7 ♖b6 39.d5 ♔e7 40.♗c6 ♗g7 41.♖f1 ♖b8 42.♖f5! h6 43.♔d1 (43.♔e3) 43...♖b6 44.♔c2 (ameaça 45.♗×b5) 44...♔f8 45.♖h5! (para criar *Zugzwang*) 45...♔g8 46.♖h4! ♔f8 47.♖e4 ♖b8 48.d6 ♗f6 49.d7 ♖b6 50.♖e8+ ♔g7 51.♖c8 ♗e7 52.h4 ♔f6 53.♗g2! ♖d6 54.♗c6! (1–0). Motylev-Sargissian, Moscou (Aeroflot) 2006.

85. 1.♗f8+! ♖×f8 2.♖d3 (1–0). Polugaevsky-Szilagyi, Moscou 1960.

86. 30...♖×c3+! 31.b×c3 ♖×e5+ 32.♔d2 ♖×e1 33.♔×e1 ♔d5 34.♔d2 ♔c4 35.h5 b6 36.♔c2 g5 37.h6 f4 38.g4 a5 39.b×a5 b×a5 40.♔b2 a4 41.♔a3 ♔×c3 42.♔×a4 ♔d4 43.♔b4 ♔e3 (0–1). Lombardy-Fischer,

Campeonato dos EUA 1960.

87. 1.b4! ♗e8 (1...♗×b4?? 2.♖a8+ ♔f8 3.♗c5) 2.♗c5 ♔f7 3.g6+! h×g6 4.f×g6+ ♔f8 (4...♔×g6? 5.♘×e5+) 5.h5 ♗×c5+ 6.b×c5 ♖c7 7.♖a8 ♖×c5 8.h6! g×h6 9.♘h4 ♖c6? (9...♖c2+ 10.♔g3 ♖c3+ 11.♔g4) 10.♘f5 ♖e6 11.♖b8 h5 12.♔g3 b4 13.♔h4 b3 14.♔×h5 b2 15.♔h6 ♔g8 16.♖×b2 (1–0). Nezhmetdinov-Luyk, URSS 1950.

88. 1.♖c8! ♕a3 (única) 2.♘d4+ ♔b6 3.♖b8+ ♔c5 (3...♔c7? 4.♘b5+) 4.♖b5+ ♔d6 5.♖d5+ ♔e7 (5...♔c7? 6.♘b5+) 6.♖a5!, ganhando a dama (1–0). Se 6...♕×a5, 7.♘c6+, ou mesmo 6...♕d6 7.♘f5+. Estudo de V. Bron, *Shajmatny Listok*, 1927.

89. 67.♔e5! (ataque direto ao rei preto) 67...♖a8 68.♖c7 (68.♖×a8+ ♗×a8 69.♔d6 ♔f7 70.♗f6 ♗e4 71.c6 ♔e8 72.c7 ♗f5 73.♔c6 ♗e4+ 74.♔b6 ♔d7 =) 68...♖a1 69.♔f6! ♗e4 70.♖c8+ ♔h7 71.♖d8! ♖a6+ 72.♔f7! ♗f5 73.♖d4 ♗e6+ 74.♔f8 ♖a8+ 75.♗d8 ♗g4 76.c6 (1–0). Topalov-Aronian, Linares 2006.

90. 1...d2!! (com a ameaça 2... ♖f1+!). Se 2.♖a4+ ♔d3 3.♖×e4 (3.♖a3+ ♘c3) 3...♖f1+! 4.♔g2 ♔×e4 5.♔×f1 ♔×e3 (0–1). Sapi-Varnusz, Budapeste 1971.

91. 35...e5! 36.g5? (36.♖×b5 e4 37.♘g1 ♘d2) 36...h×g5 37.♖×b5 g4 (37...e4 38.♘×g5) 38.♖b8+ ♔g7 39.♘e1 ♗h4 40.♖c8 ♘d2 (0–1). Arnason-Tal, Yurmala 1987.

92. 28.♕×g4 f×g4 29.♘d6 ♘b6 (29...h5 30.♘×b7 ♖d7 31.♘d6) 30.♖×h7! (1–0). Se 30...♔×h7, 31.♖h1+ ♔g8 32.♖h8++. Adianto-

Ehlvest, Bali 2000.

93. 1.♖c7+! (1-0). Se 1...♗×c7, 2.b×c7 ganha peça. Velikov-Elbilia, Clichy 2000.

94. 1.♖×h7+! ♕×h7 2.♕×f6, e empate. A dama branca dá xeque entre "d8", "f6" e "h4", com perpétuo. Zinser-Lengyel, Veneza 1967.

95. 1.♖×h7+! ♖×h7 2.♕c8+ ♔g7 3.♕g8+ ♔h6 4.g5+ (1-0). Se 4...♔h5 (4...f×g5 5.♕×g5++), 5.♗f3+ ♔h4 6.♕×h7++. Fokin-Rujlis, Kuibishev 2001.

96. 1.f6 ♖e6 2.♗f8 ♔g5 3.♗e7 ♔g6 (3...♖×f6? 4.♗d3) 4.♗d3+ ♔f7 5.♗c4 ♔e8! 6.f7+! (6.♗×e6? =) 6... ♔×f7 7.♗h4 (1-0). Estudo de A. Tatev, FIDE 1959.

97. 41.♕d4+ ♔g8 42.h4 ♘e6 43.♕f6 h5 44.♘d5 ♕c2 (frente à ameaça 45.♘e7 e 46.♘×g6) 45.♘e7+ ♔f8 46.♘c8 ♕e4+ (46...♕×c4?? 47.♕h8++) 47.♔g1 ♕d4 48.♕e7+ ♔g8 (48...♔g7 49.♘d6 ♕f6 50.♘e8+) 49.♘d6 ♕d1+ 50.♔g2 ♘f4+ 51.♔h2 (51.g×f4 ♕g4+ 52.♔h2 ♕×f4+ 53.♔g1 ♕g4+ 54.♔f1 ♕d1+ =) 51...♘e2 52.♕×f7+ ♔h8 53.♕e8+ ♔h7 54.♕d7+ ♔g8 55.♕c8+ ♔h7 56.♕b7+ ♔h8 57.♕b8+ ♔h7 58.♕×a7+ ♔g8 59.♕f7+ ♔h8 60.♕f6+ ♔h7 61.♔g2 (1-0). Morozevich-Balashov, Novgorod 1997.

98. 1.♗e7!! f1♕ 2.♗f6! ♕×f6 3.g×h8♕+!! (3.e×f6 =) 3...♕×h8 (3... ♔×h8 4.e×f6) 4.d4!. *Zugzwang*: a dama deve se entregar. Por exemplo: 4...♕g7 5.h×g7 h5 (5...♔×g7 6.♔d7, seguido de e6, e7, e8♕) 6.e6 h4 7.e7 h3 8.♔d7 h2 9.e8♕+. Estudo de Guliaev, 1940.

99. 46...♖c7!! 47.♖×g5 f×g5! 48.b6 ♖c1+! 49.♔d2 ♖c2+ 50.♔e1 (50.♔d1? ♖×f2 51.b7 e3; 50.♔e3? ♖e2+ 51.♔d4 d2) 50...♖e2+ 51.♔f1 ♖b2 52.a7 ♖b1+ 53.♔g2 d2 54.a8♕ d1♕ 55.♕b7+ ♔h6 56.♕c6+ ♔h5 57.♕e8+ ♔h4 58.♕h8+ ♕h5 (0-1). Nataf-Cherniaev, Moscou (Aeroflot) 2004.

100. 48.e4! f×e4 49.g4+ ♔g5 50.♔g3! (1-0). Frente à ameaça 51.♕g7+ ♕g6 52.♗e3++. Gligoric-Andersson, Berlim 1971.

101. 1...g4+! 2.♕×g4 (2.♔×g4?? ♕f5++) 2...♕f5!! 3.h5 c4! 4.h6 (4.b×c4 b3) 4...♕×g4+ 5.♔×g4 ♔f6 (0-1). Tatai-Mariotti, Itália 1973.

102. 57.♖g8+ ♔h7 58.♖g5! b3 59.♔f7 ♖×e6 (frente à ameaça de mate 60.♖×h5) 60.♔×e6 b2 61.♔f7 ♔h6 62.♖g8! (1-0). Se 62...♔h7 (62... b1♕?? 63.♖h8++), 63.♖b8. Stahlberg-Gligoric, Interzonal de Estocolmo 1952.

103. 1.h8♕+ ♘fh7+! 2.♔f5!! ♖×h8 3.♘f2! ♘×f7 (3...♘f6 4.♖×f6+ ♔g7 5.♔×g5) 4.♘g4+ ♔g7 5.♘e6+ ♔g8 6.♔f4!, e mate no seguinte. Estudo de J. Fritz, 1953.

104. 1.♘e7+! ♔h7 (1...♔g7 2.♘d5+; 1...♔h8 2.♘×g6+ ♕×g6 3.♖f8+) 2.♘d5+ ♔g8 (2...♔h8 3.♖f6!) 3.♘f6+ ♔h8 (3...♔f8 4.♘e4+) 4.♖c8+ ♔g7 5.♖g8+ (1-0). Se 5...♔f7, 6.♘e4+ ♔×g8 7.♘×d6. Pomar-Ljubojevic, Las Palmas 1974.

105. 36...♖×d5! 37.♘×d5 ♗c4 38.♖c2 (38.♘c3 ♗×a2 39.♘×a2 ♔e7; 38.♖a5 ♘b3) 38...♘e4+ 39.♔e3 ♗×d5 40.♖c8+ ♔e7 41.♔d4 ♗c6 42.♖c7+ ♔e6 43.f5+ ♔×f5 44.♖×f7+

♔g6 45.♖f1 ♘d2! 46.♖f4 ♘f3+ 47.♔c5 ♘xe5 48.♔b6 ♘d7+ 49.♔c7 ♘f6 50.♖d4 ♘e4 51.♖d1 ♔f5 (0–1). Gligoric-Kostic, Campeonato da Iugoslávia 1946.

106. 61...f4! 62.gxf4 (62.exf4? ♕f3 63.♕f1 ♕xc3) 62...♕f3 63.♕f1 ♗xf4 64.♗d2 (64.exf4 ♕xc3 –+) 64...♗xh2+! 65.♔xh2 g3+ (0–1). Se 66.♔xh3 (66.♔g1?? h2++), 66...g2+. Loiterstein-Najdorf, Mar del Plata 1994.

107. 46.g3? (46.♖e2, 46.♖f2) 46...hxg3 47.h4? (47.hxg3) 47...♗a4!! (–+) 48.♖e2 (48.bxa4 b3; 48.h5 ♗xb3 49.h6 ♗xc2 50.h7 ♖b3+ 51.♔e2 g2 Salov) 48...♗xb3 49.♗d3 ♖xe2+ 50.♔xe2 ♗d1+! (0–1). 51.♔f1 b3 52.h5 ♗c2. Timman-Salov, Amsterdã 1991.

108. 63.b6 d2 (63...♔c6 64.♖xc5+) 64.♔e2 exf3+ 65.♖xf3 ♔c6 66.♖xf5 ♘e4 (66...♔xb6 67.♔xd2 ♘e4+ 68.♔e3 ♘xg3 69.♖e5 ♔c6 70.♔f3 ♔d6 71.♖a5 ♘f1 72.♖a2 +–) 67.♖e5 ♘xg3+ 68.♔xd2 g5 (68...♔xb6 69.♔e3 g6 70.♔f3 ♘h5 71.♖e6+ ♔c5 72.♖xg6 +–) 69.hxg5 hxg5 70.♔d3 g4 (70...♔xb6 71.♖xg5 ♘f1 72.♔e2 ♘h2 73.♖g2) 71.♖e6+ ♔b7 72.♔c4 ♘f5 73.♖f6 ♘e3+ 74.♔c5 (1–0). Beliavsky-Short, Linares 1995.

109. 51...c4!! 52.bxc4 (52.♗xc4 ♖d2+) 52...♖b8 53.c5 ♖b2 54.c6 ♔e7 55.♘xg6+ ♔d6 56.♘e5 ♖xa2 57.♘c4+ ♔c7 (57...♔xc6 =) 58.♔g3 (58.♗xf5?? ♖xc2+!) 58...♖a1 (58...♖xc2? 59.♘xa3 ♖c3? 60.♘b5+) 59.♘xa3 ♖xa3 60.♔h4 ♔xc6 61.♔g5 ♖a5 62.♗xf5 ♔d6 63.♔g4 ♔e7 64.♗d3 ♖c5 65.♔f3 ♔d6 66.♔e4 ♖h5 67.c4 ♖h4 68.♔f5 ♔c5 69.♔e5 ♖h3 70.♔e4 ♖h4 71.♗e2 ♖h2 72.♔f3 ♔d4 73.♗f1 ♖h1 74.♔f2 ♖h8.

Empate. Ivanchuk-Kramnik, Linares 1998.

110. 1.♕xc5!! ♕xc5 2.♘xc3+ ♔c1 (2...♔d2? 3.♘e4+) 3.♗g3!! ♕e3 (ou qualquer outro lance de dama que evite ...♗f4+) 4.♗f4! ♕xf4 5.♘e2+ e 6.♘xf4 (1–0). Estudo de A. Troitzky.

111. 1.♖b3+ ♖b6! 2.♖xb6+ ♔c7 3.♗d8+!! (3.♖e6 ♔d7 =) 3...♔xd8 4.♖b8+ ♔e7 5.♔g6!!. *Zugzwang.* (1–0). Estudo de T. Gorgiev, 1930.

112. 1.♕b6+! ♔c4 (1...♔a4 2.♕a6+ ♔b4 3.♗d2+ ♔c5 4.♕a3+) 2.♕b3+! ♔d4 (2...♔c5? 3.♕a3+) 3.♕d3+! ♔e5 4.♕e3+! ♔d6 (4...♔f6? 5.♗g5+) 5.♗f8! (atração a uma cravada) 5...♕xf8 6.♕a3+ (1–0). Estudo de Burget, *Deutsche Schachblätter,* 1941.

113. 1.♖a5+ ♔e4 (1...♔c6? 2.♗a4+; 1...♔e6? 2.♗g4+; 1...b5 2.♖xb5+! ♕xb5 3.c4+! ♕xc4 4.♗b3) 2.♖f5!! (ameaça 3.♗c2++) 2...♔xf5 (2...♕xf5 3.♗c2+) 3.♗g4+ (1–0). Estudo de J. Shewers, *Rigaer Tageblatt,* 1900.

114. 1.g4+ fxg4 2.hxg4+ ♔h4 3.♕xh6+!! ♕xh6 4.♔h2, e não se pode evitar ♗f2++. Schlechter-Meitner, Viena 1899.

115. 1.♖a3+ (1.♖xf6? ♘d7+) 1...♘a4+! 2.♖xa4+!! ♔xa4 3.♗d1+ ♔a5 4.b4+ ♔a6 5.♔xc6! (ameaça 6.♗e2++) 5...♖e7 6.♗g4 (mates em "c8" e "e2") 6...♖e8 7.♗f5 (mate em "d3") 7...♖d8 8.♗e6! ♖d6+! (única: não se pode controlar de forma simultânea as casas "c8" e "c4") 9.♔xd6 ♔b5 (9...♗xh4?? 10.♔c6 e mate inevitável) 10.h5 ♔xb4 11.h6 ♔c3 12.♗a2 ♔d3 13.♔e6 ♗b2 14.g4

(1–0). Estudo de A. Troitzky, *Shajmaty*, 1898.

116. **29.♖×f6!** **♖g1+** (29…♖×g5 30.♖h6+ ♔g8 31.♖h8++; 29…♔h7 30.♖×h5+ ♔g8 31.♖h8+!; 29…♘×f6 30.♗×f6+ ♔h7 31.♖×h5+ ♔g8 32.♖h8++) **30.♔d2 ♖g2+ 31.♔e3** (1–0). Velimirovic-Bukal, Iugoslávia 1971.

117. **1…h3+!** **2.♔×h3** **♕f5+!!** **3.♕×f5 ♖×g3+ 4.♔h4 ♖g4+**, empate por afogamento. Posição didática.

118. **1…b4!** **2.a×b4 ♖×h4!** **3.g×h4 g3!** **4.f×g3 c3+!** **5.b×c3 a3** (0–1). Lund-Nimzovich, Oslo 1921.

119. **1…d3!** **2.♖1×c5** (2.♖7×c5? d2) **2…♖h8!!** **3.♔g1**(3.♖×d5 ♖h1++) **3… ♖dd8!** **4.♖c1 d2 5.♖d1 ♖de8!** (5… ♖he8? 6.♔f1) **6.♖f1 ♖e1 7.♖d7 ♖h1+!** (0–1). 8.♔×h1 ♖×f1+ 9.♔h2 d1♕. Künitz-Dvoretsky, Bad Wiessee 1997.

120. **37.♖a4!** **♗e5** (37…♔g5 38.h4+ ♔g4 39.♗e4! Korchnoi) **38.♖×f5! g×f5 39.d6 ♗f6 40.d7 ♔g7** (40…♘e5 41.♖a6 ♘×d7 42.♖d6 Korchnoi) **41.♖a8** (1–0). Korchnoi-Gligoric, Buenos Aires 1960.

121. **1.♗d8 ♔d7 2.c8♕+!! ♔×c8 3.♗f6**, ganhando a dama e a partida. Estudo de G. Sajodjakin, 1939.

122. **1.♔g4! ♕c8+ 2.♔f3!! ♕b7+ 3.♖d5! ♕×b1** (3…♕×d5+ 4.♗e4) **4.♖a5+ ♔b7 5.♖b5+**. Empate. Estudo de G. Kasparian, 1969.

123. **59.♕d3! g6** (59…h2 60.♘g5+ ♔h6 61.♘f7+ ♔h5 62.♕f5+ ♔h4 63.♕f4+ ♔h3 64.♘g5+ ♔g2 65.♕f3+ ♔g1 66.♘h3++; 59…♕h4 60.♘g5+ ♔h6 61.♘f7+ ♔h5 62.♕f5+ g5 63.♘e5) **60.♕×h3+ ♔g7 61.♕f3!** ♕c1 (61…♕h4 62.♕c3+ ♔h7 63.♕c7+ ♔h6 64.♕×b8) **62.♕f6+ ♔h7 63.♕f7+ ♔h6 64.♕f8+ ♔h5 65.♕h8+ ♔g4 66.♕c8+** (1–0). Capablanca-Janowski, San Sebastián 1911.

124. **48.♖c4! a4** (48…♕×f6+ 49.♔×f6 ♖e8 50.♖c7 ♖e6+ 51.♔g5 ♖×e5+ 52.♔f4 Korchnoi) **49.♖c7 a3 50.♖×d7! ♕×d7 51.e6 ♕a7** (pouco melhor é 51…♕b5+ 52.♔h4 g5+ 53.♔h5 ♕e8+ 54.♔×g5 ♕g6+ 55.♕×g6+ h×g6 56.d7 a×b2 57.e7 ♖b5+ 58.♔h4 b1♕ 59.e8♕+ ♔h7 60.♕e7+ ♔×h6 61.g5+ ♖×g5 62.♕×g5+ ♔h7 63.♕e7+ ♔h6 64.♕e3+ +– Korchnoi) **52.♕e5 a×b2** (52…a2 53.e7 ♔f7 54.d7!) **53.e7! ♔f7 54.d7!** (54…♕×d7 55.♕f6+ ♔e8 56.♕f8++) (1–0). Korchnoi-Tal, Erevan 1962.

125. **1…♖b4!!** **2.c×b4 a4!** **3.b5+ ♔×b5 4.♗a3 c3 5.♖b1 ♔c4 6.f4 ♔×d4 7.♔f2 ♔c4 8.♔e1 d4**, e a maré preta de peões não pode ser parada (0-1). Kmoch-Nimzovich, Bad Niendorf 1927.

126. **28.♖×e6! ♖×e6** (28…♔×e6 29.♔×g4 ♖d7 30.f5+ ♔e7 31.♔h5) **29.f5 ♖e7 30.♔×g4 ♖b7 31.♖c8 a5 32.♔f4 ♔e7 33.e6 ♔d6 34.♖d8+ ♔e7 35.♖×d5 b5 36.♔e5 a4 37.♖c5 b4 38.d5 b3 39.a×b3 a×b3 40.d6+ ♔d8 41.e7+ ♔d7 42.♖c7+** (1–0). 42… ♖×c7 43.d×c7 b2 44.e8♕+ ♔×e8 45.♔e6. Gligoric-F.Olafsson, Hastings 1956-57.

127. **1.♗f4 ♖c7 2.♗e5!** (se o cavalo se move, é afogado; 2.♗g3 ♖g7 3.♘f5+? ♖×g3 =; 2.♗h2 ♖h7, etc.) **2… ♖e7 3.♘f7+!! ♖×e5 4.♘d8!!**

(4.♘×e5? =) **4...♖e6+** (o último recurso) **5.♘c6+!** (5.♘×e6 =) **5... ♖×c6+ 6.♔×c6 ♔a7 7.♔c7** (1–0). Estudo de F. Dedrle.

128. **41.♖c7!! ♖b6** (41...♖×c7 42.♘×c7 ♘g5 43.f4 ♘h7 44.b4 ♔×h6 45.b5 ♘f8 46.b6 ♘d7 47.b7 g5 48.f×g5+ ♔×g5 49.♘a6 f4 50.♘×c5 ♘b8 51.♔b3 f3 52.♔c4 ♔f4 53.♘d3+, as brancas sacrificam o cavalo e vencem na ala oposta) **42.h7 ♖b8 43.♖e7 ♘g5 44.f4 ♘h3 45.♘c7 ♖h8 46.♘d5 g5 47.f×g5 ♘×g5 48.♖e5!** (1–0). Se 48...♔g4, 49.♘f6+ ♔f4 50.♖e7, Svidler- Kramnik, Campeonato da Rússia 2005.

Complete a sua coleção!